[三國]何　晏注　[宋]邢　昺疏

古本十三經注疏

論語註疏

上海古籍出版社

論語註疏解經卷第十一

先進第十一　　何晏集解　　邢昺疏

疏 正義曰前篇論夫子在鄉黨聖人之行也。此篇論弟子賢人之行聖賢相次亦其宜也

子曰先進於禮樂野人也後進於禮樂君子也 孔曰先進後進謂仕先後輩也禮樂因世損益後進與禮樂俱得時之中斯君子矣先進有古風斯野人也。如用之則吾從先進 將移風易俗歸之淳素先進猶近古風故從之

疏 子曰至吾從先進。正義曰此章孔子評其弟子之中仕進先後之輩也先進於禮樂野人也者先進謂先輩仕進之人準於禮樂不能因世損益而有古風故曰朴野之人也後進於禮樂君子也者後進謂後輩仕進之人也準於禮樂能因時損益與禮樂俱得時之中故曰君子之人也如用之則吾從先進者言如其用之以爲治則吾從先輩朴野之人夫子之意將移風易俗歸之淳素先進猶近古風故從之也。注孔曰至人也。正義曰云先進後進謂仕先後輩也者下章言從我於陳蔡者皆不及仕進之門則此謂不從於陳蔡得仕進者也蓋先進者當襄昭之世後進者當定哀之世一云禮樂因世損益者爲政篇云殷因於夏禮所損益可知也周因於殷禮所損益可知也又周初則禮樂盛周衰則禮樂壞是禮樂因世損益也云後進與禮樂俱得時之中斯君子矣者言禮樂隨世盛衰後進與之消息皆中當於時故爲君子也云先進有古風斯野人也者言先輩仕進之人於今則猶尚淳素故云斯野人也

子曰從我於陳蔡者皆不及門也 鄭曰言弟子從我而厄於陳蔡者皆不及仕進之門而失其所

疏 子曰從我於陳蔡者皆不及門也。正義曰此章記孔子閔弟子之失所言弟子從我而厄於陳蔡者皆不及仕進之門而失其所也

德行顔淵閔子騫冉伯牛仲弓言語宰我子貢政事冉有季路文學子游子夏

疏 德行顔淵閔子騫冉伯牛仲弓言語宰我子貢政事冉有季路文學子游子夏正義曰此章因前章言弟子失所不及仕進遂舉弟子之中才德尤高可仕進之人鄭氏以合前章皇氏別爲一章言若任用德行則有顔淵閔子騫冉伯牛仲弓四人若用其言語

論語注疏解經卷第十一

先進第十一　何晏集解　邢昺疏

疏 [illegible]

子曰先進於禮樂野人也後進於禮樂君子也 [illegible]

如用之則吾從先進 [illegible]

子曰從我於陳蔡者皆不及門也 [illegible]

德行顏淵閔子騫冉伯牛仲弓言語宰我子貢 [illegible]

辨說以為行人使適四方則有宰我子貢二人若治理政事決斷不疑則有冉有季路二人若文章博學則有子游子夏二人也然夫子門徒三千達者七十有二而此四科唯舉十人者但言其翹楚者耳或時在陳言之唯舉從者其不從者雖有才德亦言不及也

子曰回也非助我者也於吾言無所不說孔曰助益也言回聞言即解無發起增益於己（疏）子曰回也非助我者也於吾言無所不說○正義曰此章稱顏回之賢也助益也說解也凡師資問荅以相發起若與子夏論詩子曰起予者商也如此是有益於己也今回也非增益於己者也以其於吾之所言皆默而識之無所不解言回聞言即解無所發起增益於己也

子曰孝哉閔子騫人不間於其父母昆弟之言陳曰言子騫上事父母下順兄弟動靜盡善故人不得有非間之言（疏）子曰孝哉閔子騫人不間於其父母昆弟之言○正義曰此章歎美閔子騫之孝行也昆兄也間謂非毀間廁之言子騫上事父母下順兄弟動靜盡善故人不得有非間之言

南容三復白圭孔曰詩云白圭之玷尚可磨也斯言之玷不可為也南容讀詩至此三反覆之是其心慎言也**孔子以其兄之子妻之**（疏）南容三復白圭孔子以其兄之子妻之○正義曰此章美南容慎言也復覆也詩云白圭之玷尚可磨也斯言之玷不可為也南容讀詩至此三反覆之是其心慎言也孔子知其賢故以其兄之女子妻之此即邦有道不廢邦無道免於刑戮者也弟子各記所聞故又載之○注詩云白圭之玷尚可磨也斯言之玷不可為也○正義曰此大雅抑篇刺厲王之詩也毛傳云玷缺也箋云斯此也玉之缺尚可磨鑢而平人君政教一失誰能反覆之意言教令尤須謹慎白玉為圭圭有損缺猶尚可更磨鑢而平若此政教言語之有缺失則遂往而不可改為王者安危在於出令故特宜慎之是詩人戒其慎言南容之心亦欲慎言故三覆讀此也

季康子問弟子孰為好學孔子對曰有顏回者好學不幸短命死矣今也則亡（疏）季康子問弟子孰為好學孔子對曰有顏回者好學不幸短命死矣今也則亡○正義曰此章稱顏回之好學也季康子魯執政大夫故言氏稱對此與哀公問同而荅異者以哀公遷怒貳過故因荅以諫之康子無之故不云也

顏淵死顏路

請子之車以爲之椁孔曰路淵父也家貧欲請孔子之車賣以作椁子曰才不才亦各言其子也鯉也死有棺而無椁吾不徒行以爲之椁以吾從大夫之後不可徒行也孔曰鯉孔子之子伯魚也孔子時爲大夫言從大夫之後不可以徒行謙辭也【疏】顏淵死至徒行也○正義曰此并三章記顏淵死時孔子之言也顏淵死顏路請子之車以爲之椁者路顏淵父也家貧故欲請孔子之車賣以作椁也子曰才不才亦各言其子也鯉也死有棺而無椁吾不徒行以爲之椁者此擧鯉以喩顏也言淵則才鯉不才雖異亦各言其子則同我子鯉也死時但有棺以家貧而無椁吾不賣車以作椁今女子死寧得賣我車以作椁乎以吾從大夫之後不可徒行也者此言不可賣車作椁之由徒行步行也以吾爲大夫不可步行故也孔子時爲大夫言從大夫之後者謙辭也○注孔曰至辭也○正義曰云鯉孔子之子伯魚也者世家文也云孔子時爲大夫言從大夫之後不可以徒行謙辭也者案孔子世家定公十四年孔子年五十六由大司寇攝行相事魯受齊女樂不聽政三日孔子遂適衛歷三宋鄭陳蔡晉楚去魯凡十四歲而反乎魯然魯終不能用孔子亦不求仕以哀公十六年卒年七十三今案顏回少孔子三十歲三十二而卒則顏回卒時孔子年六十一方在陳蔡矣伯魚年五十先孔子死則鯉也死時孔子蓋年七十左右皆非在大夫位時而此注云時爲大夫未知有何所據也杜預曰嘗爲大夫而去故言後以據其年則顏回先伯魚卒而此云顏回死顏路請子之車以爲之椁子曰鯉也死有棺而無椁又以伯魚先死者王肅家語註云此書久遠年數錯誤未可詳也或以爲假設之辭也徒猶空也謂無車空行也是步行謂之徒行故左傳襄元年敗鄭徒兵於洧上杜註云徒兵步兵也

顏淵死子曰噫包曰噫痛傷之聲天喪予天喪予天喪予者若喪己也再言之者痛惜之甚【疏】顏淵死子曰噫天喪予天喪予○正義曰此噫痛傷之聲天喪予者孔子痛惜顏淵死言若天喪己也再言之者痛惜之甚

顏淵死子哭之慟馬曰慟哀過也從者曰子慟矣曰有慟乎孔曰不自知己之悲哀過非夫人之爲慟而誰爲【疏】顏淵死至誰爲○正義曰子哭之慟者慟過哀也言夫子哭顏淵其悲哀過甚從者曰子慟矣者從

[illegible]

[illegible]曰有[illegible]大人之[illegible]

[illegible]

[illegible]曰[illegible]天[illegible]

[illegible]

者衆弟子見夫子哀過故告曰子慟矣曰有慟乎者時夫子不自知已之悲哀過故荅曰有慟乎耶非夫人之爲慟而誰爲者因弟子言已悲哀過甚遂說已之過哀亦當於理非不也夫人謂顏淵言不於顏淵哭之爲慟而更於誰人爲慟乎

顏淵死門人欲厚葬之子曰不可 禮貧富有宜顏淵貧而門人欲厚葬之故不聽 門人厚葬之子曰回也視予猶父也予不得視猶子也非我也夫二三子也 馬曰言回自有父父意欲聽門人厚葬我不得割止非其厚葬故云耳 【疏】顏淵至三子也○正義曰顏淵死門人欲厚葬之者門人顏淵之弟子以其師有賢行故欲豐厚其禮以葬之也子曰不可者禮貧富有宜顏淵貧而門人欲厚葬故不聽之曰不可也門人厚葬之者初荅孔子孔子不聽門人故違孔子而卒厚葬之也子曰回也視予猶父也者此下孔子非其厚葬之語也言回也師事於已視已猶如其父也予不得視猶子也者言回自有父存父意欲聽門人厚葬義不得割止之故曰予不得視猶子也非我也夫二三子也者言厚葬之事非我所爲夫門人二三子爲之也非其厚葬故云耳

季路問事鬼神子曰未能事人焉能事鬼曰敢問死曰未知生焉知死 陳曰鬼神及死事難明語之無益故不荅 【疏】季路至知死○正義曰此章明孔子不道無益之語也子路問事鬼神者對則天曰神人曰鬼散則雖人亦曰神故下文獨以鬼荅之子路問承事神其理何如子曰未能事人焉能事鬼者言生人尚未能事之況死者之鬼神安能事之乎曰敢問死者子路又曰敢問人之若死其事何如曰未知生焉知死者孔子言女尚未知生時之事則安知死後乎皆所以抑止子路也以鬼神及死事難明又語之無益故不荅也

閔子侍側誾誾如也子路行行如也冉有子貢侃侃如也子樂 鄭曰樂各盡其性行行剛強之皃 若由也不得其死然 孔曰不得以壽終 【疏】閔子至死然○正義曰此章孔子喜四弟子任其自性也閔子侍側誾誾如也者閔子騫侍側曰侍誾誾中正之皃如也者言其皃剛強也子路行行如也者行行剛強之皃冉有子貢侃侃如也者侃侃和樂之皃子樂者以四子各盡其自然之性故喜樂也若由也不得其死然者然猶焉也言子路以

剛必不得其以壽終焉 魯人爲長府閔子騫曰仍舊貫如之
何何必改作鄭曰長府藏名也藏財貨曰府仍因也貫事也因舊事則可也何乃復更改作 子
曰夫人不言言必有中王曰言必有中者善其不欲勞民改作 【疏】魯人至有
中○正義曰此章重於勞民也魯人爲長府者藏財貨曰府
長其藏名也爲作也言魯人新改作之也閔子騫曰仍舊貫
如之何何必改作者子騫見魯人勞民改作長府而爲此辭
仍因也貫事也言因舊事則亦可矣何必乃復更改作也子
曰夫人不言言必有中者孔子聞子騫之言而善之也夫人
謂子騫言夫此人其唯不言則已若其發言必有中於理也
言何必改作是中理之言也善其不欲勞民故以爲中○注
鄭曰至改作○正義曰云長府藏名者言魯藏財貨之府名
長府也云藏財貨曰府者布帛曰財金玉曰貨周禮天官有
大府爲王治藏之長玉府掌王之金玉玩好內府主良貨賄
藏在內者外府主泉藏在外者是藏財貨曰府府
猶聚也言財貨之所聚也仍因貫事皆釋詁文 子曰由
之瑟奚爲於丘之門馬曰子路鼓瑟不合雅頌 門人不敬子路

子曰由也升堂矣未入於室也馬曰升我堂矣未入於室耳門人不解謂
孔子言爲賤子 【疏】子曰至室也○正義曰此章言子路之
路故復解之 才學分限也子曰由之瑟奚爲於丘之
門者由子路名奚何也子路性剛鼓瑟不合雅頌故孔子非
之云由之鼓瑟何爲於丘之門乎所以抑其剛也門人不敬
子路者門人不解孔子之意謂孔子言爲賤子路故不敬之
也子曰由也升堂矣未入於室也者以門人不解故孔子復
解之言子路之學識深淺譬如自外入內得其門者入室爲
深顏淵是也升堂次之子路是也今子路既升我堂矣但未
入於室耳豈可不敬也 子貢問師與商也孰賢子曰師也過
商也不及孔曰言俱不得中 曰然則師愈與子曰過猶不
及愈猶勝也 【疏】子貢至猶不及○正義曰此章明子張子夏才
性優劣子[illegible]子貢問曰師與商也孰賢者師子張名商子夏
子夏名孰誰也子貢問孔子曰子張與子夏二人誰爲賢才
子曰師也過商也不及者孔子荅言子張所爲過當而不止
子夏則不及而止[illegible]曰然則師愈與者愈猶勝
也子貢未明夫子之言[illegible]也過則是賢才過於子夏故

復閤曰然則子張勝於子夏與與爲疑辭子曰過猶不及
者子貢不解故復解之曰過當猶如不及俱不中理也 季
氏富於周公 孔曰周公天子之宰卿士 而求也爲之聚斂而附
益之 孔曰冉求爲季氏宰爲之急賦稅 子曰非吾徒也小子鳴鼓
而攻之可也 鄭曰小子門人也鳴鼓聲其罪以責之 疏 季氏至可也○正義曰此章夫子責
冉求重賦稅也季氏富於周公者季氏魯臣諸侯之卿也周
公天子之宰卿士魯其後也孔子之時季氏專執魯政盡
其民人其君蠶食深宮賦稅皆非已有故季氏富於周公也而
求也爲之聚斂而附益之者時冉求爲季氏家宰又爲之急
賦稅聚斂財物而陪附助益季氏也子曰非吾徒也小子鳴
鼓而攻之可也者小子門人也冉求亦夫子門徒當尚仁義
今爲季氏聚斂害於仁義故夫子責之曰非我門徒也
門人鳴鼓以聲其罪而攻責之可也○註孔曰周公天子之
宰卿士○正義曰何休云宰猶治也三公之職
號稱宰也杜預註左傳曰卿士王之執政者也 柴也愚 弟子
高柴字子羔
愚愚直之愚 參也魯 孔曰魯鈍也曾子性遲鈍 師也辟 馬曰子張才
過人失在邪辟文過 由也喭 鄭曰子路之行失於畔喭 子曰回也其庶乎屢空
言回庶幾聖道雖數空匱而樂在其
中 賜不受命而貨殖焉億則屢中
中賜不受教命唯財貨是殖億度是非蓋美回所以勵賜也
一曰屢猶每也空猶虛中也以聖人之善道教數子之庶幾
猶不至於知道者各內有此害其於庶幾每能虛中者唯回
懷道深遠不虛心不能知道子貢雖無數子之病然亦不知
道者雖不窮理而幸中雖非天
命而偶富亦所以不虛心也 疏 柴也愚至屢中○正義
曰此章孔子歷評六弟
子之德行中失也柴也愚者高柴性愚直也參也魯者曾參
性遲鈍也師也辟者子張才過人失在邪辟文過也由也喭
者子路之行失於畔喭也子曰回也其庶乎屢空賜不受命
而貨殖焉億則屢中者此蓋孔子美顏回所以勵賜也其說
有二一云屢數也空匱也億度也言回庶幾聖道雖數空匱
貧窶而樂在其中是美回也賜不受命唯貨財是殖若億度
是非則數中言此所以勵賜也一曰屢猶每也空猶虛中
也言孔子以聖人之善道教數子之庶幾猶不至於知道者
各內有此害故也其於庶幾每能虛中者唯有顏回懷道深
遠若不虛心不能知道也子貢雖無數子之病然亦不知道

者雖不窮理而幸中雖非天命而偶富有此二累亦所以不虛心也○註弟子高柴字子羔○正義曰史記弟子傳云高柴字子羔鄭玄曰衛人少孔子三十歲左傳亦作子羔家語作子高禮記作子皐三字不同其實一也○註鄭曰子路之行失於畔喭○正義曰舊註作吸喭字書吸喭失容也言子路性行剛強常吸喭失於禮容也今本吸作畔王弼云剛猛也○註言回至心也○正義曰云言回庶幾聖道者易下繫辭云顏氏之子其殆庶幾乎是回庶慕幾微之聖道云雖數空匱而樂在其中者即簞食瓢飲不改其樂是也云賜不受教命者言不受夫子禮教之命云唯財貨是殖者言唯務貨財生殖蕃息也云億度是非者言又用心億度人事之是非也云蓋美回所以勵賜也者言孔子之意美顏回貧而樂道所以勸勵子貢言汝既富矣又能億則屢中何得不受教命也云一曰以下者何晏又為一說也云以聖人之善道教數子之庶幾者言孔子以聖人庶幾之善道並教六子也云猶不至於知道者各內有此害者言聖人不倦並教誨之而猶尚不能至於知幾微善道者以其各自內有愚魯辟喭之病害故也云其於庶幾每能虛中者唯回者言唯顏回每能虛其中心知於庶幾之道也云懷道深遠不虛心不能知道者此解虛中之由由其至道深遠若不虛其中心則不能知道

也云子貢雖無數子之病者謂無愚魯辟喭之病也然而不知道者謂亦如四子不知聖道也云雖不窮理而幸中雖非天命而偶富亦所以不虛心也者此解子貢不知道由於有此二累也雖不窮理而幸中釋經億則屢中言雖不窮理害註但億度之幸中其言也左傳定十五年春邾隱公來朝子貢觀焉邾子執玉高其容仰公受玉卑其容俯子貢曰以禮觀之二君者皆有死亡焉夏五月壬申公薨仲尼曰賜不幸言而中哀七年以邾子益來是其屢中也雖非天命而偶富釋經不受命而貨殖也言致富之道當由天命與之富貴今子貢不因天命爵祿而能自致富故曰偶富言有億度之勞富有經營之累以此二事何暇虛心以知道故云亦所以不虛心也

子張問善人之道子曰不踐迹亦不入於室孔曰踐循也言善人不但循舊迹而已亦少能創業然亦不入於聖人之奧室

子曰論篤是與君子者乎色莊者乎論篤者謂口無擇言君子者謂身無鄙行色莊者不惡而嚴以遠小人言此三者皆可以為善人

疏子張至者乎○正義曰此章論善人所行之道也子張問善人之道者問行何道可謂善人子曰不踐迹亦不入於室者孔子答其善人

[illegible]人子曰[illegible]

曰[illegible]志[illegible]

[illegible]

之道也踐循也迹已行舊事之言善人不但循追舊迹而已
亦當自立功立事也而善人好謙亦少能創業故亦不能入於
聖人之奧室也子曰論篤是與君子者乎色莊者乎者此亦
善人之道也故同為一章當是異時之語故別言子曰也論
篤是與者篤厚也謂口無擇言所論說皆重厚是善人與君
子者乎者言身無鄙行之若子亦是善人乎色莊者乎者言
能顏色莊嚴使小人畏威者亦是善人乎孔子謙不正言故
云與乎以歸之也○註論篤至善人○正義曰云口無擇言
孝經文也所言皆善故無可擇也云身無鄙行者所行並
美無鄙惡此以遠小人不惡而嚴者周易遯卦象辭也

路問聞斯行諸包曰賑窮救乏之事子曰有父兄在如之
何其聞斯行之孔曰當白父兄不得自專冉有問聞斯行諸
子曰聞斯行之公西華曰由也問聞斯行諸子
曰有父兄在求也問聞斯行諸子曰聞斯行之
赤也惑敢問孔曰惑其問同而答異子曰求也退故進之由
也兼人故退之鄭曰言冉有性謙退子路務在勝尚人各因其人之失而正之疏子路
至退之○正義曰此章論施予之禮并孔子問同答異之意
也子路問聞斯行諸者諸之也子路問於孔子曰若聞人窮
之當賑救之事於斯即得行之乎子曰有父兄在如之何其
聞斯行之也者言當先白父兄不得自專也冉有問聞斯行
諸子曰聞斯行之者此問與子路同而所答異也公西華曰
由也問聞斯行諸子曰有父兄在求也問聞斯行諸子曰聞
斯行之赤也惑敢問者赤公西華名也見其問同而答異故
疑惑而問於孔子也子曰求也退故進之由也兼人故退之
者此孔子言其答異之意也冉有性謙退子路
務在勝尚人各因其人之失而正之故答異也

子畏於匡

顏淵後孔曰言與孔子相失故在後子曰吾以女為死矣曰子
在回何敢死包曰言夫子在已無所敢死疏子畏至敢死○正義曰
此章言仁者必有勇也
子畏於匡顏淵後者言孔子畏於匡時與顏回相失既免而
回在後方至也子曰吾以女為死矣者孔子謂顏淵曰吾以
女為戰死與匡人鬭也子在回何敢死者言夫子若陷於危
亡則回必致死今夫子在已則無所敢死言不敢致死也

季子然問仲由冉求可謂大臣與孔曰子然季氏子弟自多得臣
此二子故問之子曰吾以子為異之問曾由與求之問孔曰
謂子問異事耳則此二人之問安足大乎所謂大臣者以道事君不可
則止今由與求也可謂具臣矣孔曰言備臣數而已曰然則
從之者與孔曰問為臣皆當從君所欲邪子曰弒父與君亦不從
也孔曰言二子雖從其主亦不與為大逆疏季子至從也○正義曰此章明為臣事君之道季子然問仲由
冉求可謂大臣與者季子然季氏之子弟也自多得臣此二
子故問於夫子曰仲由冉求才能為政可以謂之大臣與
而未定故云與也子曰吾以子為異之問曾由與求之問者
此孔子抑其自多也曾則也吾以子為問異事耳則此二人
之問安足多大乎言所問小也所謂大臣者以道事君不可
則止者此孔子更為子然陳說大臣之體也言所謂大
臣者以正道事君君若不用己道則當退止也今由與求也
可謂具臣矣者既陳大臣之體乃言二子非大臣也[illegible]

今二子臣於季氏季氏不道而不能匡救又不退止唯可謂
備臣數而已不可謂之大臣也曰然則從之者與者子然
聞孔子言二子非大臣故又問曰然則二子為臣皆當從君
所欲邪子曰弒父與君亦不從也者孔子更為說二子之行
言二子雖從其主若其主弒父與君為此大逆亦不與也子路使子羔為費宰
曰賊夫人之子包曰子羔學未熟習而使為政所以為賊害子路曰有民
人焉有社稷焉何必讀書然後為學孔曰言治民事神於是而
習之亦學也子曰是故惡夫佞者孔曰疾其以口給應遂己非而不知窮疏
子路至佞者○正義曰此章勉人學也子路使子羔為費宰
者子路臣季氏故任舉子羔使為季氏費邑宰也子曰賊夫
人之子者賊害也夫人之子指子羔也孔子之意以為子羔
學未熟習而使為政必累其身所以為賊害也子路曰有民
人焉有社稷焉何必讀書然後為學者子路辯答孔子言費
邑有人民焉而治之有社稷之神焉而事之治民事神於是
而習之是亦學也何必須讀書然後乃謂為學也子曰是故
惡夫佞者言人所以憎惡夫佞者祗為口才捷給文過飾非

[illegible]

敵也今子路以口給應遂已非而不知窮已是故致人惡夫佞者也子路曾晳孔曰晳曾參父名點冉
有公西華侍坐子曰以吾一日長乎爾毋吾以
也孔曰言我問女女無以我長故難對居則曰不吾知也孔曰女常居云人不知己如
或知爾則何以哉孔曰如有用女者則何以爲治子路率爾而對
率爾先三人對曰千乘之國攝乎大國之間加之以師旅
因之以饑饉包曰攝迫也迫於大國之間由也爲之比及三年
可使有勇且知方也方義方夫子哂之馬曰哂笑求爾
何如對曰方六七十如五六十求性謙退言欲得方六七十如五六十里
小國治之而已求也爲之比及三年可使足民如其禮
樂以俟君子孔曰求自云能足民而已謂衣食足也若禮樂之化當以待君子謙也赤爾

何如對曰非曰能之願學焉宗廟之事如會同
端章甫願爲小相焉鄭曰我非自言能願學爲之宗廟之事謂祭祀也諸侯時見曰會[illegible]
覜曰同端玄端也衣玄端冠章甫諸侯日視朝之服小相謂相君之禮點爾何如鼓瑟希
孔曰思所以對故音希鏗爾舍瑟而作對曰異乎三子者之
撰孔曰置瑟起對撰具也爲政之具鏗者投瑟之聲子曰何傷乎亦各言其
志也孔曰各言己志於義無傷曰莫春者春服既成冠者五六
人童子六七人浴乎沂風乎舞雩詠而歸包曰莫春
者季春三月也春服既成衣單袷之時我欲得冠者五六人童子六七人浴乎沂水之上風涼於舞雩之下歌詠先王之
道而歸夫子之門夫子喟然歎曰吾與點也周曰善點獨知時三子
者出曾晳後曾晳曰夫三子者之言何如子曰

亦各言其志也已矣曰夫子何哂由也曰爲國以禮其言不讓是故哂之包曰爲國以禮禮貴讓子路言不讓故笑之唯求則非邦也與安見方六七十如五六十而非邦也者唯赤則非邦也與宗廟會同非諸侯而何孔曰明皆諸侯之事與子路同徒笑子路不讓赤也爲之小孰能爲之大孔曰赤謙言小相耳誰能爲大相

疏子路至篇末○正義曰此章孔子乘間四弟子侍坐因使各言其志以觀其器能也子路曾皙冉有公西華侍坐者時孔子坐四子侍側亦皆坐也子曰以吾一日長乎爾毋吾以也者孔子將發問先以此言誘掖之也言女等侍吾以吾年長於汝謙而少言故云一日今我問女女等毋以吾長而憚難其對也居則曰不吾知也如或知爾則何以哉者此問辭也言女常居則云己有才能人不我知設如有人知女將欲用之則女將何以爲治子路率爾而對者子路性剛故率爾先三人而對也千乘之國攝乎大國之間加之以師旅因之以饑饉由也爲

之比及三年可使有勇且知方也者此子路所志也千乘之國公侯之大國也攝迫也穀不熟爲饑蔬不熟爲饉方義也也言若有公侯之國迫於大國之間又加之以師旅侵伐因之以饑饉民困而由也治之比至三年以來可使其民勇敢且知義方也夫子哂之者哂笑也夫子笑之也求爾何如者子路既對三子無言故孔子復歷問之冉求爾志何如對曰方六七十如五六十求也爲之比及三年可使足民其禮樂以俟君子者此冉求之志也俟待也求性謙退言得方六七十如五十里小國治之而已求也治此小國比及三年以來使足民衣食若禮樂之化當以待君子此謙辭也赤爾何如者又問公西華也對曰非曰能之願學焉宗廟之事如會同端章甫願爲小相焉者此赤之志也赤言曰非自言能之願學爲焉宗廟祭祀之事如有諸侯會同及諸侯衣玄端冠章甫日視朝之時已願爲其小相君之禮焉爾何如者又問曾皙也鼓瑟希者時曾皙方鼓瑟承師之思所以對故音希也鏗爾舍瑟而作者作起也舍置也鏗瑟聲也思得其對故置瑟起對投置其瑟而聲鏗然也對異乎三子者之撰者撰具也未敢言其志先對此辭言己所志異乎三子者所陳爲政之具也子曰何傷乎亦各言志也者孔子見曾皙持謙難其對故以此言誘之曰苟

傷乎亦各言其志也欲令任其所志而言也曰莫春者春服既成冠者五六人童子六七人浴乎沂風乎舞雩詠而歸者此曾點所志也莫春季春也春服既成衣單袷之時也我欲得與二十以上冠者五六人十九以下童子六七人浴乎沂水之上風涼於舞雩之下歌詠先王之道而歸夫子之門也夫子喟然歎曰吾與點也者喟然歎之皃夫子聞其樂道故喟然而歎曰吾與點之志善其獨知時而不求爲政也三子者出曾晳後者子路冉有公西華三人出曾晳後猶侍坐於夫子也曾晳曰夫三子者之言何如者曾晳在後問於夫子曰夫三子者適各言其志其言是非何如也子曰亦各言其志也已矣者言三子亦各言其所志而已無他別是非也曰夫子何哂由也者曾晳又問夫子曰既三子各言其志何獨笑仲由也曰爲國以禮其言不讓是故哂之者此夫子爲說哂之意言爲國以禮禮貴謙讓子路言不讓故笑之也唯求也則非邦也與安見方六七十如五六十而非邦也者唯赤則非邦也與宗廟會同非諸侯而何者此夫子又言不哂其子路欲爲諸侯之事故舉二子所言明皆諸侯之事與子路同其言讓故不笑之徒笑其子路不讓耳赤也爲之小孰能爲之大者此夫子又言公西華之才堪爲大相今赤謙言小相耳若赤也爲之小相更誰能爲大相。註孔子曰曾

參父名點。正義曰史記弟子傳曰曾蒧字晳是也。註方義方。正義曰義宜也方道也言能教之使知合宜之道也左傳曰愛子教之以義方。註鄭曰至之禮。正義曰云宗廟之事謂祭祀也者謂禴祠烝嘗及追享朝享禘祫之類吉是也云諸侯時見曰會殷覜曰同者周禮春官大宗伯職文但彼作殷見此作殷覜則見也鄭玄註云此禮以諸侯見王爲文時見者言無常期諸侯有不順服者王將有征討之事則既朝覲王爲壇於國外合諸侯而命事焉春秋傳曰有事而會不協而盟是也殷猶衆也十二歲王如不巡守則六服盡朝朝禮既畢王亦爲壇合諸侯以命政焉所命之政如王巡守殷同四方四時分來終歲則徧是也云端玄端也衣玄端冠章甫諸侯日視朝之服者其衣正幅染之玄色故曰玄端案王制云周人玄衣而養老註云玄衣素裳天子之燕服爲諸侯朝服彼云玄衣則此玄端也若以素爲裳即是朝服此朝服素裳皆得謂之玄端故此註云端玄端諸侯朝服若上士以玄爲裳中士以黃爲裳下士以雜色爲裳天子諸侯以朱爲裳則皆謂之玄端不得名爲朝服也云小相謂相君之禮者案周禮秋官司儀職云掌九儀之賓客擯相之禮以詔儀容辭令揖讓之節註云出接賓曰擯入贊禮曰相又曰凡諸公相爲賓及將幣交擯三辭車逆拜辱賓車進

荅拜三揖三讓每門止一相註云相爲主君擯者及賓之介也謂之相者於外傳辭耳入門當以禮詔侑也介紹而傳命者君子於其所尊不敢質敬之至也每門止一相弥相親也是相謂相君之禮也聘禮云卿爲上擯大夫爲承擯士爲紹擯玉藻曰君入門介拂闑大夫中棖與闑之間上介拂棖則卿爲上介大夫爲次介士爲末介也此云願爲小相者謙不敢爲上擯上介之卿願爲承擯紹擯次介末介之大夫士耳○註包曰至之門○正義曰云我欲得冠者五六人童子六七人者意在取其朋友十餘人耳云浴于沂水之上風凉舞雩之下者杜預云魯城南自有沂水此是沂水出蓋縣南至下邳入泗雩者祈雨之祭名左傳曰龍見而雩是也鄭玄曰雩者吁也吁嗟而請雨也杜預曰雩之言遠也遠爲百穀祈膏雨也使童男女舞之春官女巫職曰旱暵則舞雩因謂其處爲舞雩舞雩之處有壇墠樹木可以休息故云風凉於舞雩之下也○註周曰善點獨知時○正義曰仲尼祖述堯舜憲章文武生值亂時而君不用三子不能相時志在爲邦唯曾晳獨能知時志在澡身浴德詠懷樂道故夫子與之也

論語註疏解經卷第十一

論語註疏解經卷第十二

顔淵第十二　何晏集解　邢昺疏

疏 正義曰此篇論仁政明達君臣父子辨惑折獄君子文爲皆聖賢之格言仕進之階路故次先進也

顔淵問仁子曰克己復禮爲仁 馬曰克己約身孔曰復反也身能反禮則爲仁矣 一日克己復禮天下歸仁焉 馬曰一日猶見歸況終身乎 爲仁由己而由人乎哉 孔曰行善在己不在人也 顔淵曰請問其目 包曰知其必有條目故請問之 子曰非禮勿視非禮勿聽非禮勿言非禮勿動 鄭曰此四者克己復禮之目 顔淵曰回雖不敏請事斯語矣 王曰敬事此語必行之 疏 顔淵至語矣○正義曰此并下三章皆明仁也子曰克己復禮爲仁者克約也己身也復反也言能約身反禮則爲仁矣一日克己復禮天下歸仁焉者言人君若能一

日行克己復禮則天下皆歸此仁德之君也一日猶見歸況終身行仁乎爲仁由己而由人乎哉者言行善由己豈由他人乎哉言不在人也顔淵曰請問其目者淵意知其爲仁必有條目故請問之子曰非禮勿視非禮勿聽非禮勿言非禮勿動者此四者克己復禮之目也曲禮曰視瞻毋回立視五巂式視馬尾之類是禮也非此則勿視曲禮云毋側聽側聽則非禮也言無非禮則口無擇言也動無非禮則身無擇行也四者皆所以爲仁顔淵曰回雖不敏請事斯語矣者此顔淵頂謝師言也言回雖不敏達請敬事此語必行之也○註馬曰克己約身○正義曰此註克訓爲約劉炫云克訓勝也己謂身也身有嗜慾當以禮義齊之嗜慾與禮義戰使禮義勝其嗜慾身得歸復於禮如是乃爲仁也復反也言情爲者慾所逼己離禮而更歸復之今刻定云克訓勝也己謂身也謂能勝去嗜慾反復於禮也 仲弓問仁 子曰出門如見大賓使民如承大祭 孔曰爲仁之道莫尚乎敬 己所不欲勿施於人在邦無怨在家無怨 包曰在邦爲諸侯在家爲卿大夫 仲弓曰雍雖不敏請事斯語矣 疏

仲弓問仁至語矣。正義曰此章明仁在敬恕也子曰出門如見大賓使民如承大祭者此言爲仁之道莫尚乎敬也大賓公侯之賓也大祭禘郊之屬也人之出門失在倨傲故戒之出門如見公侯之賓使民失於驕易故戒之如承奉禘郊之祭已所不欲勿施於人者此言仁者必恕也已所不欲無施之於人以他人亦不欲也在邦無怨在家無怨者言既敬且恕若在邦爲諸侯必無人怨在家爲卿大夫亦無怨也仲弓曰雍雖不敏請事斯語矣者亦承謝之語也

司馬牛問仁子曰仁者其言也訒孔曰訒難也牛宋人弟子司馬犂曰其言也訒斯謂之仁已乎子曰爲之難言之得無訒乎孔曰行仁難言仁亦不得不難

疏司馬牛問仁至訒乎。正義曰此章言仁之難也子曰仁者其言也訒者訒難也言仁道至大非但行之難也其言之亦難曰其言也訒斯謂之仁已乎者牛意嫌孔子所言未盡其理故復問曰秪此其言也訒便謂仁已乎子曰爲之難言之得無訒乎者此孔子又爲牛說言訒之意行仁既難言仁亦不得不難。註孔子曰至馬犂。正義曰史記弟子傳云司馬耕字子牛多言而躁問仁於孔子孔子曰仁者其言也訒是也

司馬牛問君子子曰君子不憂不懼孔曰牛兄桓魋將爲亂牛自宋來學常憂懼故孔子解之曰不憂不懼斯謂之君子已乎子曰內省不疚夫何憂何懼包曰疚病也自省無罪惡無可憂懼

疏司馬至何懼。正義曰此章明君子也司馬牛問君子於孔子言君子之行何如也子曰君子不憂不懼者言君子之人不憂愁不恐懼時牛兄桓魋將爲亂牛自宋來學常憂懼故孔子解之也曰不憂不懼斯謂之君子已乎者亦意少其言故復問之子曰內省不疚夫何憂何懼者此孔子更爲牛說不憂懼之理疚病也自省無罪惡則無可憂懼

司馬牛憂曰人皆有兄弟我獨亡鄭曰牛兄桓魋行惡死亡無日我爲無兄弟子夏曰商聞之矣死生有命富貴在天君子敬而無失與人恭而有禮四海之內皆兄弟也君子何患乎無兄弟也包曰君子疏惡而友賢九州之人皆可以禮親

疏

司馬至弟也。正義曰此章言人當任命友賢也司馬牛憂曰人皆有兄弟我獨亡者亡無也牛兄桓魋行惡死亡無日故牛常憂而告人曰他人皆有兄弟君桓雖死亡之後我為獨無兄弟也子夏曰商聞之矣死生有命富貴在天君子[illegible]而無大與人恭而有禮四海之內皆兄弟也君子何患[illegible]兄弟也者子夏見牛憂無兄弟以此言解之也商子夏名故云商聞之矣示非妄謬也言人死生短長則有所稟之命財富位貴則在天之所予君子但當敬慎而無過失與人交恭謹而有禮能此疏惡而友賢則東夷西戎南蠻北狄四海之內九州之人皆可以禮親之為兄弟也君子何患乎無於無兄弟也。註鄭曰至兄弟。正義曰云牛兄桓魋行惡死亡無日者案哀十四年左傳云宋桓魋之寵害於公公將討之未及魋先謀公公知之召皇野司馬子仲及左師向巢以命其徒攻桓氏向魋遂入於曹以叛民叛之而奔衛遂奔齊是其行惡死亡之事也桓氏即向魋也又謂之桓司馬即此桓魋也

子張問明子曰浸潤之譖膚受之愬不行焉可謂明也已矣鄭曰譖人之言如水之浸潤漸以成之馬曰膚受之愬皮膚外語非其內實浸潤之譖膚受之愬不行焉可謂遠也已矣馬曰無此二者非但為明其德行高遠人莫能及

疏 子張至已矣。正義曰此章論人之明德子張問明者問於孔子何如可謂之明德也子曰浸潤之譖膚受之愬不行焉可謂明也已矣者此合為明也夫水之浸潤漸以壞物皮膚受塵漸成垢穢譖人之言如水之浸潤皮膚受塵亦漸以成之使人不覺知也若能辨其情偽使譖愬之言不行可謂明德也浸潤之譖膚受之愬不行焉可謂遠也已矣者言人若無此二者非但為明其德行可謂高遠矣人莫能及之也。註馬曰膚受之愬皮膚外語非其內實。正義曰愬亦譖也變其文耳皮膚受塵垢穢其外不能入內也以喻譖毀之語但在外萋斐構成其過惡非其人內實有罪也

子貢問政子曰足食足兵民信之矣子貢曰必不得已而去於斯三者何先曰去兵子貢曰必不得已而去於斯二者何先曰去食自古皆有死民無信不立孔曰死者古今常道人皆有之治邦不可失信

疏 子貢問政至不立。正義曰此章貴信

也子曰足食足兵民信之矣者此荅爲政之事也足食則人
知禮節足兵則不軌畏威民信之則服命從化子貢曰必不
得已而去於斯三者何先者子貢復問曰君不獲已而除去
於此三者之中何者爲先曰去兵者孔子荅言先去兵以兵
者凶器民之殘也財用之蠹也故先去之子貢曰必不得已
而去於斯二者何先者子貢復問設若事不獲已須要去之
於此食與信二者之中先去何者曰去食自古皆有死民無
信不立者孔子荅言二者之中先去食夫食者人命所須去
之則人死而去食不去信者言死者古今常道
人皆有之治國不可失信失信則國不立也 棘子成曰
君子質而已矣何以文爲 鄭曰舊說云棘
子成衛大夫 子貢曰
惜乎夫子之說君子也駟不及舌 鄭曰惜乎夫子之
說君子也過言一
出駟馬追
之不及 文猶質也質猶文也虎豹之鞟猶犬羊
之鞟 孔曰皮去毛曰鞟虎豹與犬羊別正以毛文
異耳今使文質同者何以別虎豹與犬羊邪 疏 棘子
至之鞟。正義曰此章貴尚文章也棘子成曰君子質而已
矣何以文爲者衞大夫棘子成言曰君子之人淳質而已則

可矣何用文章乃爲君子意衰時多文華子貢曰惜乎夫子
之說君子也駟不及舌者夫子指子成也子貢聞子成言君
子不以文爲其言過謬故歎曰可惜乎棘子成之說君子也
過言一出於舌駟馬追之不及文猶質也質猶文也虎豹之
鞟猶犬羊之鞟者此子貢舉喻言文章不可去也皮去毛曰
鞟言君子野人異者質故不同也虎豹與犬羊別者正以
毛文異耳今若文猶質質猶文使文質同者則君子與鄙夫
何以別乎如虎豹之皮去其毛文以爲之鞟與犬羊之鞟同
則何以別虎
豹與犬羊也 哀公問於有若曰年饑用不足如之
何有若對曰盍徹乎 鄭曰盍何不也周法什一而稅
謂之徹徹通也爲天下之通法 曰
二吾猶不足如之何其徹也 孔曰二謂
什二而稅 對曰百姓
足君孰與不足百姓不足君孰與足 孔曰孰
誰也 疏
哀公至與足。正義曰此章明稅法也哀公問於有若曰年
飢用不足如之何者魯君哀公問於孔子弟子有若曰年穀
不熟國用不足如之何使國用得足也有若對曰盍徹乎者
盍猶何不也周法什一而稅謂之徹徹通也爲天下之通法

有若意譏哀公重斂故對曰既國用不足何不依通法而税
取乎曰二吾猶不足如之何其徹也者二謂什二而税哀公
不覺其譏故又曰什而税二吾之國用猶尚不足如之何其
依徹法什而税一乎對曰百姓足君孰與不足百姓不足君
孰與足者孰誰也哀公既言重斂之實故有若又對以盍徹
足用之理言若依通法而税則百姓家給人足百姓既足上
命有求則供故曰君誰與不足也今君重斂民則困窮上命
所須無以供給故曰百姓不足君孰與足也○注鄭曰至通
法○正義曰云周法什一而税謂之徹者公羊傳曰古者什
一而藉古者曷爲什一而藉什一者天下之中正也多乎什
一大桀小桀寡乎什一大貉小貉什一者天下之中正也什
一行而頌聲作矣何休云多取於民比於桀蠻貉無百官制
度之費貢税薄穀梁傳亦云古者什一而藉孟子云夏后氏五
十而貢殷人七十而助周人百畝而徹其實皆什一也趙岐
註云民耕五十畝者貢上五畝耕七十畝者以七畝助公家
耕百畝者徹取十畝以爲賦雖異名而多少同故云皆什一
也書傳云十一者多矣故杜預云古者公田之法十取其一
謂十畝内取一舊法既已十畝取一矣春秋魯宣公十五年
初税畝又履其餘畝更復十收其一乃是十取其二故哀公
公曰二吾猶不足謂十内税二猶尚不足則從宣公之後遂以

以十二爲常故曰初言初税十二自宣公始也諸書皆言十
一而税周禮載師云凡任地近郊十一遠郊二十而三甸
稍縣都皆無過十二漆林之征二十而五者蓋謂王畿之内
所共多故賦税重諸書所言什一皆謂畿外之國故此鄭云
云什一而税謂之徹徹通也爲天下之通法言天下皆什一
耳不言畿内亦什一也孟子又曰方里爲井井九百畝其中
爲公田八家皆私百畝同養公田公事畢然後敢治私事漢
書食貨志取彼意而爲之文云井田方一里是爲九夫八家
共之各受私田百畝公田十畝是爲八百八十畝餘二十畝
爲廬舍諸儒多用彼爲義如彼所言則家别一百一十畝是
爲十外税一也鄭玄詩箋云井税一夫其田百畝則九而税
一其意異於漢書不以志爲説也又孟子對滕文公云請野
九一而助國中什一使自賦鄭玄周禮匠人註引孟子此言
乃云是邦國亦異外内之法則鄭玄以爲諸侯郊外郊内其
法不同郊内十一使自賦其一郊外九而助一是爲二十而
税二故鄭玄又云諸侯謂之徹者通其率以十一爲正言郊
内郊外相通其率爲十税一也杜預直云十取其一則又異
於鄭唯謂一夫百畝以十畝歸公鄭亦不解夏五十殷七十
之意蓋古者人多田少一夫雖得五十七十畝耳五十而貢
貢五畝七十而助助七畝故鄭熙驟於此事詳考工記云周人

識內用夏之貢法邦國用殷之助法也子張問崇德辨惑孔曰辨別也子曰
主忠信徙義崇德也包曰徙義見義則徙意而從之愛之欲其生
惡之欲其死既欲其生又欲其死是惑也包曰愛惡當有常一[illegible]
欲生之一欲死之是心惑也誠不以富亦祇以異鄭曰此詩小[illegible]祇適也言此行[illegible]
不可以致富適足以為異耳取此詩之異義以非之疏子張至以異。正義曰此[illegible]言人當有常德也子張問[illegible]
德辨惑者崇充也辨別也言欲充盛道德袪別疑惑何[illegible]
可也子曰主忠信徙義崇德也者主親也徙遷也言人有[illegible]
信者則親友之見義事則遷意而從之此所以充盛其[illegible]
愛之欲其生惡之欲其死既欲其生又欲其死是惑也[illegible]
人心愛惡當須有常若人有順己己即愛之便欲其生[illegible]
違於己己即惡之則願其死一欲生之一欲死之用[illegible]
當是惑也既能別此是惑則當袪之誠不以富亦祇以[illegible]
此詩小雅我行其野篇文也祇適也言此行誠不足以[illegible]
致富足以為異耳取此詩之異義以非人之惑也。註鄭[illegible]
非之。正義曰案詩刺淫昏之俗不思舊姻而求新[illegible]

[illegible]
義作成鄭箋云女不以禮為室家成事不足以得富也[illegible]
適以此自異於人道言可惡也此引詩斷章故不與本[illegible]
也
齊景公問政於孔子孔子對曰君君臣臣父
父子子孔曰當此之時陳恒制齊君不君臣不臣父不父子不子故以對公曰善哉信
如君不君臣不臣父不父子不子雖有粟吾得
而食諸孔曰言將危也陳氏果滅齊疏齊景至食諸。正義曰此章[illegible]明治國之政也齊景公問[illegible]
於孔子者齊君景公問為國之政於夫子也孔子對曰君[illegible]
臣臣父父子子者言政者正也若君不失君道乃至子不[illegible]
子道尊卑有序上下不失而後國家正也當此之時陳[illegible]
齊大夫以制齊國君不君臣不臣父不父子不子故孔子[illegible]
此對之公曰善哉信如君不君臣不臣父不父子不[illegible]
粟吾得而食諸者諸之也景公聞孔子之言而信服之[illegible]
曰善哉信如夫子之言而今齊國君不君以至子不子[illegible]
其粟吾得而食之乎言將見危亡必不得食之也。註[illegible]
果滅齊。正義曰史記田完世家完卒謚為敬仲仲生[illegible]
稺夷生泯孟莊莊生文子須無文子生桓子無宇桓子生[illegible]

子張問崇德辨惑子曰主忠信徙義崇德也愛之欲其生惡之欲其死既欲其生又欲其死是惑也

誠不以富亦祇以異

齊景公問政於孔子孔子對曰君君臣臣父父子子公曰善哉信如君不君臣不臣父不父子不子雖有粟吾得而食諸

子啓及僖子乞乞卒子常代之是爲田成子成子弑簡公專齊政成子生襄子盤盤生莊子白白生太公和和遷齊康公於海上和立爲齊侯和孫威王稱王四世而秦滅之是陳氏滅齊也世家云敬仲之知齊以陳字爲田氏而終始稱陳則田必非敬仲所改未知何時改耳

子曰片言可以折獄者其由也與孔曰片猶偏也聽訟必須兩辭以定是非偏信一言以折獄者唯子路可

子路無宿諾宿猶豫也子路篤信恐臨時多故故不豫諾

疏子曰至宿諾。正義曰此章言子路有明斷篤信之德也子曰片言可以折獄者其由也與者片猶偏也折猶決斷也凡聽訟必須兩辭以定是非偏信一言以決斷獄訟者唯子路可故云其由也與子路無宿諾者宿猶豫也子路篤信恐臨時多故故不豫諾或分此別爲一章今合之。註孔曰至路可。正義曰云聽訟必須兩辭以定是非者周禮秋官大司寇云以兩造禁民訟以兩劑禁民獄註云訟謂以財貨相告者獄謂相告以罪名者造至也劑今券書也使訟者兩至獄者各齎券書既兩至兩券書乃治之不至及不券書則是自服不直者也是知聽訟必須兩辭方定是非偏信一言則是非難決唯子路才性明辨能聽偏言決斷獄訟故云唯子路可

子曰聽訟吾猶人也包曰與人等**必也使無訟乎**王曰化之在前

疏子曰聽訟吾猶人也必也使無訟乎。正義曰此章言孔子言已至誠也言聽斷獄訟之時備兩造吾亦猶如常人無以異也言與常人同必也在前以道化之使無爭訟乃善。註王曰化之在前。正義曰案周易訟卦象曰天與水違行訟君子以作事謀始王弼云聽訟吾猶人也必也使無訟乎無訟在於謀始謀始在於作制契之不明訟之所以生也物有其分職不相濫爭何由興訟之所以起契之過也故有德司契而不責於人是化之在前也又案大學云子曰聽訟吾猶人也必也使無訟乎無情者不得盡其辭大畏民志鄭註云情猶實也無實者多虛誕之辭聖人之聽訟與人同耳必使民無實者不敢盡其辭大畏其心志使誠其意不敢訟然則聽訟吾猶人也必也使無訟乎是夫子辭無情者不得盡其辭大畏民志是記者釋夫子無訟之事意與此註及王弼不同未知誰是故具載之

子張問政子曰居之無倦行之以忠王曰言爲政之道居之於身無得解倦行之於民必以忠信

疏子張問政子曰居之無倦行之以忠。正義曰此章言爲政之道居之於身無解倦行之於民必

子曰片言可以折獄者其由也與

[illegible]

子路無宿諾

疏 [illegible]

曰聽訟吾猶人也必也使無訟乎

疏 [illegible]

子張問政子曰居之無倦行之以忠

疏 [illegible]

以忠信也

子曰博學於文約之以禮亦可以弗畔矣夫鄭曰弗畔不違道

疏子曰至弗畔矣夫。正義曰此章及注與雍也篇同當是弟子各記所聞故重載之或本亦有作君子博學於文

子曰君子成人之美不成人之惡小人反是

疏子曰君子成人之美不成人之惡小人反是。正義曰此章言君子之於人嘉善而矜不能又復仁恕故成人之美不成人之惡也小人則嫉賢樂禍而成人之惡不成人之美故曰反是

季康子問政於孔子孔子對曰政者正也子帥以正孰敢不正鄭曰康子魯上卿諸臣之帥也

疏季康子問政至不正。正義曰此章言為政在乎修己對曰政者正也者言將教者在於齊正也子帥以正孰敢不正者言康子為魯上卿諸臣之帥也若己能每事以正則己下之臣民誰敢不正也

季康子患盜問於孔子孔子對曰苟子之不欲雖賞之不竊孔曰欲多情慾言民化於上不從其令從其所好

疏季康子至不竊。正義曰此章言民從上化也季康子患盜問於孔子者時魯多盜賊康子患之問於孔子欲以謀去也孔子對曰苟子之不欲雖賞之不竊者孔子言民化於上不從其令從其所好苟誠也誠如子之不貪欲則民亦不竊非但不為假令賞之民亦知恥而不竊也由子之貪欲故耳注孔曰至所好。正義曰云民化於上不從其令從其所好者大學曰堯舜率天下以仁而民從之桀紂率天下以暴而民從之其所令反其所好而民不從注云言民化君行也君若好貨而禁民淫於財利不能正也

季康子問政於孔子曰如殺無道以就有道何如孔曰就成也欲多殺以止姦孔子對曰子為政焉用殺子欲善而民善矣君子之德風小人之德草草上之風必偃孔曰亦欲令康子先自正偃仆也加草以風無不仆者猶民之化於上

疏季康子至必偃。正義曰此章言為政不須刑殺但在上自正則民化之也季康子問政於孔子曰如殺無道以就有道何如者就成也康子之意欲多殺止姦以成為有道也孔子對曰子為政焉用

殺者言子爲政安用刑殺也子欲善而民善矣者言子若爲善則民亦化之爲善矣君子之德風小人之德草草上之風必偃者此爲康子設譬也偃仆也在上君子爲政之德若風在下小人從化之德如草加草以風無不仆者猶化民以正無不從者亦欲令康子先自正也

子張問士何如斯可謂之達矣子曰何哉爾所謂達者子張對曰在邦必聞在家必聞鄭曰言士之所在皆能有名譽子曰是聞也非達也夫達也者質直而好義察言而觀色慮以下人馬曰常有謙退之志察言語觀顏色知其所欲其志慮常欲以下人在邦必達在家必達馬曰謙尊而光卑而不可踰夫聞也者色取仁而行違居之不疑馬曰此言佞人假仁者之色行之則違安居其僞而不自疑在邦必聞在家必聞馬曰佞人黨多

【疏】子張至必聞○正義曰此章論士行子張問士何如斯可謂之達矣者士有德之稱問士行何如可謂通達也子曰何哉爾所謂達者者夫子復問子張何者是汝意所謂達者汝試言之也子張對曰在邦必聞在家必聞者聞謂有名譽使人聞之也言士有德行在邦臣於諸侯必有名聞在家臣於卿大夫亦必有名聞言士之所在皆有名譽意謂此爲達也子曰是聞也非達也者言汝所陳正是名聞之士非是通達之士也夫達也者質直而好義察言而觀色慮以下人者孔子又說達士之行也爲性正直所好義事察人言語觀人顏色知其所欲其念慮常欲以下人言常有謙退之志也在邦必達在家必達者以其謙退故所在通達也夫聞也者色取仁而行違居之不疑者此言佞人假取仁者之色而行則違之安居其僞而不自疑也在邦必聞在家必聞者佞人黨多妄相稱譽故所在皆有名聞也○註馬曰謙尊而光卑而不可踰○正義曰此周易謙卦彖辭也言尊者有謙而更光明盛大卑者有謙而不可踰越引證士有謙德則所在必達也

樊遲從遊於舞雩之下包曰舞雩之處有壇墠樹木故下可遊焉曰敢問崇德脩慝辨惑孔曰慝惡也脩治也治惡爲善子曰善哉問先事後得非崇德與孔曰先勞於事然後得報攻其惡無攻

人之惡非脩慝與一朝之忿忘其身以及其親非惑與疏樊遲至惑與。○正義曰此章言脩身之事也樊遲從遊於舞雩之處有壇墠樹木故弟子樊遲隨從孔子遊於其下也曰敢問崇德脩慝辨惑者脩治也慝惡也此樊遲因從行而問孔子曰敢問欲充盛其德治慝爲善袪別疑惑何爲而可也子曰善哉問者其問皆脩身之要故善之先事後得非崇德與者言先勞於事然後得報是崇德也攻其惡無攻人之惡非脩慝與者攻治也言治其己過無治人之過是治惡也一朝之忿忘其身以及其親非惑與者言君子忿則思難若人有犯己一朝忿之不思其難則忘身也辱其身則羞其親故曰以及其親也非惑與言是惑也註壇墠。○正義曰封土爲壇除地爲墠言雩壇在所除地中故連言壇墠

樊遲問仁子曰愛人問知子曰知人樊遲未達子曰舉直錯諸枉能使枉者直包曰舉正直之人用之廢置邪枉之人則皆化爲直樊遲退見子夏曰鄉也吾見於夫子而問知子曰舉直錯諸枉能使枉者直何謂也子夏曰富哉言乎孔曰富盛也舜有天下選於衆舉皋陶不仁者遠矣湯有天下選於衆舉伊尹不仁者遠矣孔曰言舜湯有天下選擇於衆舉皋陶伊尹則不仁者遠矣仁者至矣疏樊遲至遠矣。○正義曰此章明仁知也樊遲問仁子曰愛人者言汎愛濟衆是仁道也問知子曰知人者言知人賢才而舉之是知也樊遲未達子曰舉直錯諸枉能使枉者直者樊遲未曉達知人之意故孔子復解之言舉正直之人而用之廢置邪枉之人則邪枉之人皆化爲直故曰能使枉者直也樊遲退見子夏曰鄉也吾見於夫子而問知子曰舉直錯諸枉能使枉者直何謂也者樊遲雖問舉直錯枉之語猶自未喻故復問子夏也子夏曰富哉言乎者子夏聞言即解故歎美之曰富盛哉此言乎舜有天下選於衆舉皋陶不仁者遠矣湯有天下選於衆舉伊尹不仁者遠矣者此子夏爲樊遲說舉直錯枉之事也言舜湯有天下選擇於衆舉用皋陶伊尹則不仁者遠矣仁者至矣長其能使邪枉者亦化爲直也

子貢問友子曰忠告而善道之不

可則止毋自辱焉包曰忠告以是非告之以善道導之不見從則止必言之或見辱○

疏 子貢問友子曰忠告而善道之不可則止毋自辱焉○正義曰此章論友也言盡其忠以是非告之又以善道導之告不從已則止而不告不導也毋得強告導之以自取困辱焉以其必言之或時見辱

曾子曰君子以文會友孔曰友以文德合以友輔仁孔曰友相切磋之道所以輔成己之仁

疏 曾子曰君子以文會友以友輔仁○正義曰此章論友言君子之人以文德會合朋友朋友有相切磋琢磨之道所以輔成己之仁德也

論語註疏解經卷第十二

論語註疏解經卷第十三

子路第十三　何晏集解　邢昺疏

疏正義曰此篇論善人君子爲邦教民仁政孝弟中行常德皆治國脩身之要以意與前篇相類且回也入室由也升堂故以爲次也

子路問政子曰先之勞之孔曰先導之以德使民信之然後勞之易曰說以使民民忘其勞請益曰無倦孔曰子路嫌其少故請益曰無倦者行此上事無倦則可疏子路問政至無倦。正義曰此章言政先德澤也子曰先之勞之者言爲德政者先導之以德使民信之然後可以政役之事勞之則民從其令也請益者子路嫌其少故更請益之曰無倦者夫子言行此上事無倦怠則可也。註易曰說以使民民忘其勞。正義曰此周易兌卦彖辭文也言先以說豫撫民然後使之從事則民皆竭力忘其勞苦也引之以證先之勞之之義也

仲弓爲季氏宰問政子曰先有司王曰言爲政當先任有司而後責其事赦小過舉賢才曰焉知賢才而舉之曰舉爾所知爾所不知人其舍諸孔曰女所不知者人將自舉其所知則賢才無遺疏仲弓至舍諸。正義曰此章言政在舉賢也仲弓爲季氏宰問政者冉雍爲季氏家宰而問政於夫子也子曰先有司赦小過舉賢才者有司屬吏也言爲政當先委任屬吏各有所司而後責其成事赦放小過寬則得衆也舉用賢才使官得其人野無遺賢是政之善也曰焉知賢才而舉之者仲弓聞使舉賢意言賢才難可徧知故復問曰安知賢才而得舉用之也曰舉爾所知爾所不知人其舍諸者舍置也諸之也夫子教之曰但舉女之所知女所不知人將自舉之其肯置之而不舉乎既各舉其所知則賢才無遺

子路曰衛君待子而爲政子將奚先包曰問往將何所先行子曰必也正名乎馬曰正百事之名子路曰有是哉子之迂也奚其正包曰迂猶遠也言孔子之言遠於事子曰野哉由也孔曰野猶不達君子於其所不知

蓋闕如也包曰君子於其所不知當闕而勿據今由不知正名之義而謂之迂遠名不正則言不順言不順則事不成事不成則禮樂不興禮樂不興則刑罰不中孔曰禮以安上樂以移風二者不行則有淫刑濫罰刑罰不中則民無所錯手足故君子名之必可言也言之必可行也王曰所名之事必可得而明言所言之事必可得而遵行君子於其言無所苟而已矣

疏子路曰至而已矣。正義曰此章論政在正名也子路曰衛君待子而爲政子將奚先者奚何也案世家孔子自楚反乎衛是時衛君輒父不得立在外諸侯數以爲讓而孔子弟子多仕於衛衛君欲得孔子爲政故子路問之曰往將何以先行子曰必也正名乎者言將先正百事之名也子路曰有是哉子之迂也奚其正者迂猶遠也子路言豈有君是哉夫子之言遠於士也何其正名乎子曰野哉由也者野猶不達也夫子見子路言迂故曰不達理哉此仲由也君子於其所不知蓋闕如也者此責子路不知正名之義而便言

迂遠也言君子於其所不知蓋當闕而勿據今由不知正名之義而便謂之迂遠不亦野哉名不正則言不順言不順則事不成事不成則禮樂不興禮樂不興則刑罰不中刑罰不中則民無所錯手足者此孔子更陳正名之理也夫事以順成名由言舉名若不正則言不順序言不順序則政事不成政事不成則君不安於上風不移於下是禮樂不興行也禮樂不行則有淫刑濫罰故不中也刑罰枉濫民則蹐地局天動罹刑網故無所錯其手足也故君子名之必可言也言之必可行也君子於其言無所苟而已矣者此又言正名之事非爲苟且也君子名此事必使可明言言此事必可遵行君子於其所言無苟且若名之不可言言之不可行是苟且而言也。註孔曰至濫罰。正義曰云禮以安上樂以移風者孝經廣要道章文言禮所以正君臣父子之別明男女長幼之序故可以安上化下風俗移易先入樂聲變隨人心正由君德正之與變因樂而彰故可以移風易俗也云二者不行則有淫刑濫罰者禮運云禮者所以治政安君也政不正則君位危君位危則大臣倍小臣竊刑肅而俗敝則法無常又樂記曰五刑不用百姓無患天子不怒如此則樂達矣[illegible]禮樂二者不行則刑罰淫濫而不中也。註王曰至苟行。正義曰云所名之事必可得而明言者[illegible]禮人名不以國以[illegible]

則廢名是不可明言也云所言之士必可得而遵行者緇衣曰可言也不可行君子弗言也可行也不可言君子弗行也熊氏云君子賢人可行不可言作凡人法若曾子有母之喪水漿不入於口七日不可言說以爲法是不可遵行也是以可明言可遵行而後君子名言之也

樊遲請學稼子曰吾不如老農請學爲圃曰吾不如老圃馬曰樹五穀曰稼樹菜蔬曰圃樊遲出子曰小人哉樊須也上好禮則民莫敢不敬上好義則民莫敢不服上好信則民莫敢不用情孔曰情情實也言民化於上各以實應夫如是則四方之民襁負其子而至矣焉用稼包曰禮義與信足以成德何用學稼以教民乎負者以器曰襁

【疏】樊遲至用稼○正義曰此章言禮義忠信爲治民之要樊遲請學稼者樹五穀曰稼弟子樊須謂於夫子學播種之法欲以教民也子曰吾不如老農者孔子怒其不學禮義而學稼種故拒之曰稼種之事吾不如久老之農夫也請學爲圃者樹菜蔬曰圃樊遲又請於夫子學樹藝菜蔬之法曰吾不如老圃者亦拒其請也言樹藝菜蔬之法吾不如久老爲圃者樊遲出子曰小人哉樊須也者樊遲既請而出夫子與諸弟子言曰小人哉此樊須也謂其不學禮義而學農圃故曰小人也上好禮則民莫敢不敬上好義則民莫敢不服上好信則民莫敢不用情者孔子言禮義與信可以教民也禮毋不敬故上好行禮則民化之莫敢不敬也人以義則服故上好行義則民莫敢不服也以信待物物亦以實應之故上若好信則民莫不用其情情猶情實也言民於上各以實應也夫如是則四方之民襁負其子而至矣焉用稼者此又言夫禮義與信足以成德化民如是則四方之民襁化自來皆以襁器背負其子而至矣何用學稼以教民乎○註圃五穀曰稼樹菜蔬曰圃○正義曰樹者種殖之名五穀者黍稷麥菽稻也周禮註云種穀曰稼如嫁女以有所生也周禮大宰職云園圃毓草木註云樹果蓏曰圃園其樊也則園者外畔藩籬之名其內之地種樹菜果則謂之圃菜也鄭云周禮註云百草根實可食者疏文云蔬不熟爲饉郭璞曰凡草菜可食者通名爲蔬註負者以器曰襁○正義曰博物志云織縷之廣八寸長丈二以約小兒於背

子曰誦詩三百授之以政不達使於四方不能專

[illegible]

樊遲請學稼子曰吾不如老農請學為圃曰吾不如老圃

[illegible]

樊遲出子曰小人哉樊須也上好禮則民莫敢不敬上好義則民莫敢不服上好信則民莫敢不用情

[illegible]

夫如是則四方之民襁負其子而至矣焉用稼

[illegible]

曰誦詩三百授之以政不達使於四方不能專對

對雖多亦奚以為專猶獨也【疏】子曰誦詩三百授之以政不達使於四方不能專對雖多亦奚以為。○正義曰此章言人之才學貴於適用若多學而不能用則如不學也誦謂諷誦周禮注云倍文曰諷以聲節之曰誦詩有國風雅頌凡三百五篇皆言天子諸侯之政也古者使適四方有會同之事皆賦詩以見意今有人能諷誦詩文三百篇之多若授之以政使居位治民而不能通達使於四方不能獨對諷誦雖多亦何以為言無所益也

子曰其身正不令而行其身不正雖令不從令教令也【疏】子曰其身正不令而行其身不正雖令不從。○正義曰此章言為政者當以身先也言上之人其身若正不在教令民自觀化而行之其身若不正雖教令滋章民亦不從也

子曰魯衛之政兄弟也包曰魯周公之封衛康叔之封周公康叔既為兄弟康叔睦於周公其國之政亦如兄弟【疏】子曰魯衛之政兄弟也。○正義曰此章孔子評論魯衛二國之政也魯周公之封衛康叔之封周公康叔既為兄弟康叔睦於周公其國之政亦如兄弟也

子謂衛公子荊善居室王曰荊與蘧瑗史鰌並為君子始有曰苟合矣少有曰苟完矣富有曰苟美矣【疏】子謂至美矣。○正義曰此章孔子稱謂衛公子荊有君子之德也善居室者言居家理也始有曰苟合矣者家始富有不言己才能所致但曰苟且聚合也少有曰苟完矣者又少有增多但曰苟且完全矣富有曰苟美矣者富有大備但曰苟且有此富美耳終無泰侈之心也。○註王曰荊與蘧瑗史鰌並為君子。○正義曰案左傳襄二十九年吳公子札來聘適衛說蘧瑗史狗史鰌公子荊公叔發公子朝曰衛多君子未有患也是與蘧瑗史鰌並為君子也

子適衛冉有僕孔曰孔子之衛冉有御子曰庶矣哉孔曰庶衆也言衛人衆多冉有曰既庶矣又何加焉曰富之曰既富矣又何加焉曰教之【疏】子適至教之。○正義曰此章言治民之法也子適衛冉有僕者適之也孔子之衛冉有為僕以御車也子曰庶矣哉者庶衆也至衛境見衛人衆多故孔子歎美之冉有曰既庶矣又何加焉者言民既衆多復何加益也曰富之者孔子言當施舍薄斂使之衣食足也曰既富矣又何加焉者冉有言民既饒足復

何加益之曰教之者孔子言當教以義方使知禮節也子曰苟有用我者期月
而已可也三年有成孔曰言誠有用我於政事者期月而可以行其政教必三年乃有成
功疏子曰苟有用我者期月而已可也三年有成○正義曰此章孔子自言爲政之道也苟誠也期日周月也
謂周一年之十二月也孔子言誠有用我於政事者期月而可以行其政教必滿三年乃有成功也子曰善
人爲邦百年亦可以勝殘去殺矣王曰勝殘殘暴之人使不爲惡也去
殺不用刑殺也誠哉是言也孔曰古有此言孔子信之疏子曰善人爲邦百年亦可以勝殘去
殺矣誠哉是言也○正義曰此章言善人君子治國至於百年以來亦可以勝殘暴之人使不爲惡去刑殺而不用矣誠
哉是言者古有此言孔子信之故曰誠哉是言也子曰如有王者必世而後
仁孔曰三十年曰世如有受命王者必三十年仁政乃成疏子曰如有王者必世而後仁○正義曰三十年
曰世此章言如有受天命而王天下者必三十年仁政乃成也子曰苟正其身矣於從

政乎何有不能正其身如正人何疏子曰苟正其身矣於從政
乎何有不能正其身如正人何○正義曰此章言政者正也欲正他人在先正其身也苟誠能自正其身則於從政
乎何有言不難也若自不能正其身則雖令不從如正人何言必不能正人也冉子退朝周曰謂罷朝於
魯君子曰何晏也對曰有政馬曰政者有所改更匡正子曰其事也
馬曰事者凡行常事如有政雖不吾以吾其與聞之馬曰如有政非常之
事我爲大夫雖不見任用必當與聞之疏冉子至聞之○正義曰此章明政事之別也冉子退朝者時冉有臣
於季氏朝廷曰退謂罷朝於魯君也子曰何晏也者晏晚也孔子訝其退朝晚故問之冉有對曰有政者冉子言有所改更匡
正之政故退晚孔子曰其事也如有政雖不吾以吾其與聞之者孔子言女之所謂政者但凡行常事耳設如有大政非
常之事我爲大夫雖不見任用必當與聞之也○註周曰謂罷朝於魯君○正義曰周氏以爲夫子云雖不吾以吾其與
聞皆論君朝之事故云罷朝於魯君鄭玄以冉有臣於季氏故以朝爲季氏之朝少儀云朝廷曰退謂於朝廷之中若欲

辟遠則稱曰退以近君爲進還私遠君爲退朝此退朝謂罷
朝也○註馬曰事者凡行常事○正義曰案昭二十五年左
傳曰爲政事庸力行務以從四時杜預曰在君爲政在臣爲
事杜意據此文時冉子仕於季氏稱季氏有政孔子謂之爲
事是在君爲政在臣爲事也何晏曰爲仲尼稱孝友是亦爲
政明其政事通言但隨事大小異其名耳故不同鄭杜之義
而取周馬之言以朝爲魯君之朝以事爲君之凡行常事也

定公問一言而可以興邦有諸孔子對曰言不可以若是其幾也王曰以其大要一言不能正興國幾近也有近一言可以興國人之言曰爲君難爲臣不易如知爲君之難也不幾乎一言而興邦乎孔曰事不可以一言而成如知此則可近也曰一言而喪邦有諸孔子對曰言不可以若是其幾也人之言曰予無樂乎爲君唯其言而莫予違也孔曰言無樂於爲君所樂者唯樂其言而不見違如其善而莫之違也不亦善乎如不善而莫之違也不幾乎一言而喪邦乎孔曰人君所言善無違之者則善也所言不善而無敢違之者則近一言而喪國

疏定公至邦乎○正義曰此章言爲君之道此定公問一言而可以興邦有諸者定公問於孔子爲君之道有一言善而可以興其國有之乎孔子對曰言不可以若是其幾也者幾近也孔子以其大要一言不能正興國故云言不可以若是有近一言可以興國者故云其幾也人之言曰爲君難爲臣不易如知爲君之難也不幾乎一言而興邦乎者此孔子舉其近興國之一言也事不可以一言而成如人君知此爲君難此則可近也曰一言而喪邦有諸者定公又問曰人君一言不善而致亡國有之乎孔子對曰言不可以若是其幾也者亦言有近一言可以亡國也人之言曰予無樂乎爲君唯其言而莫予違也者此舉近亡國之一言也言我無樂於爲君所樂者唯樂其言而不見違也如其善而莫之違也不亦善乎如不善而莫之違也不幾乎一言而喪邦乎者此孔子又評其理言人君所言善無違之者則善也所言不善而無敢違之者則近一言而亡國也

葉公問政子曰近

者說遠者來【疏】葉公至者來○正義曰此章楚葉縣公問為政之法於孔子也子曰當施惠於近者使之喜說則遠者當慕化而來也

子夏為莒父宰問政鄭曰舊說云莒父魯下邑子曰無欲速無見小利欲速則不達見小利則大事不成孔曰事不可以速成而欲其速則不達矣小利妨大則大事不成【疏】子夏至不成○正義曰此章弟子子夏為魯下邑莒父之宰問為政之法於夫子也子曰無欲速無見小利者言事有程期無欲速成當存大體無見小利也欲速則不達見小利則大事不成者又言其欲速見小利害政之意若事不可以速成者而欲其速則其事不達矣務見小利而妨大政故大事不成也

葉公語孔子曰吾黨有直躬者孔曰直躬直身而行其父攘羊而子證之周曰有因而盜曰攘孔子曰吾黨之直者異於是父為子隱子為父隱直在其中矣【疏】葉公至中矣○正義曰此章明為直之禮也葉公語孔子曰吾黨有直躬者其父攘羊而子證之者躬身也言吾鄉黨中有直身而行者其父攘羊而子證之者此所直行之事也有因而盜曰攘言因羊來入己家父即取之而子言於失羊之主證父之盜葉公以此子為直行而誇於孔子也孔子曰吾黨之直者異於是父為子隱子為父隱直在其中矣者孔子言此以拒葉公也言吾黨之直者異於此證父之直也子苟有過父為隱之則慈也父苟有過子為隱之則孝也孝慈則忠忠則直也故曰直在其中矣今律大功以上得相容隱告言父祖者入十惡則典禮亦爾而葉公以證父為直者江熙云葉公見聖人之訓動有隱諱故舉直躬欲以此言毀譽儒教抗衡中國夫子答之辭正而義切荊蠻之豪喪其誇矣

樊遲問仁子曰居處恭執事敬與人忠雖之夷狄不可棄也包曰雖之夷狄無禮義之處猶不可棄去而不行【疏】樊遲至棄也○正義曰此章明仁者之行也弟子樊遲問仁於孔子子曰居處恭執事敬與人忠者言凡人居處多放恣執事則懈惰與人交則不盡忠故此三者是仁者居處恭謹執事必敬與人必忠也此恭敬及忠雖之夷狄無禮義之處亦不可棄而不行也

子貢問曰何如斯可謂之士矣子

曰行己有恥孔曰有恥者有所不為使於四方不辱君命可
謂士矣曰敢問其次曰宗族稱孝焉鄉黨稱弟
焉曰敢問其次曰言必信行必果硜硜然小人
哉抑亦可以為次矣鄭曰行必果所欲行必果敢為之硜硜者小人之皃也抑亦其次言
可以為次曰今之從政者何如子曰噫斗筲之人何
足算也鄭曰噫心不平之聲筲竹器容斗二升算數也疏子曰至算也○正義
曰此章明士行也子貢問曰何如斯可謂之士矣者士有德之稱故子貢問於孔
子曰其行何如斯可謂之士矣子曰行已有恥使於四方不
辱君命可謂士矣者此荅士之高行也言行已之道若有不
善恥而不為為臣奉命出使能遭時制宜不辱君命有此二
行可謂士矣曰敢問其次者子貢復問士之為行次於此
者云何曰宗族稱孝焉鄉黨稱弟焉此孔子復為言其士
之次也宗族同宗族屬也善事父母為孝宗族內親見其孝
而稱之善事長上為弟鄉黨差遠見其弟而稱之也曰敢

問其次者子貢又問更有何行可次於此也曰言必信行必果
硜硜然小人哉抑亦可以為次矣者孔子又為言其次者若
人不能信以行義而言必執信行不能相時度宜所欲行者
必果敢為之硜硜然者小人之皃也言此二行雖非君子所
為乃硜硜然小人耳抑辭也抑亦其次言可以為次也曰今
之從政者何如者子貢復問今之從政之士其行何如也子
曰噫斗筲之人何足算也者噫心不平之聲斗量名容十升
筲竹器容斗二升算數也孔子見時從政者皆無士行唯小
器耳故心不平之而曰噫今斗筲小器
之人何足數也言不足數故不述其行子曰不得中行
而與之必也狂狷乎包曰中行行能得其中者言不得中行則欲得狂狷者狂
者進取狷者有所不為也包曰狂者進取於善道狷者守節無為欲得此二人
者以時多進退取其恒一疏子曰至為也○正義曰此章孔子疾時人
不純一也子曰不得中行而與之必也狂
狷乎者中行行能得其中者也言既不得中行之人而與之
同處必也得狂狷之人可也狂者進取狷者有所不為者此
說狂狷之行也狂者進取於善道知進而不知退狷者守節
無為應進而退也二者俱不得中而性恒一欲得此二人者

以時多進退其恒也子曰南人有言曰人而無恒不可以
作巫醫孔曰南人南國之人鄭曰言巫醫不能治無恒之人善夫包曰善南人之言也不
恒其德或承之羞孔曰此易恒卦之辭言德無常則羞辱承之子曰不占
而已矣鄭曰易所以占吉凶無恒之人易所不占疏子曰至已矣○正義曰此章疾性行無恒之人
也子曰南人有言曰人而無恒不可以作巫醫者南國之人也巫主接神除邪醫主療病南國之人嘗有言曰人而
性行無恒不可以爲巫醫言巫醫不能治無恒之人也善夫
者孔子善南人之言有徵也不恒其德或承之羞者此易恒
卦之辭孔子引之言德無恒則羞辱承之也子曰不占而已
矣孔子既引易文又言夫易所以占吉凶無恒之人易所不
占也○注孔曰至承之○正義曰云此易恒卦之辭者謂此
經所言是易恒卦九三爻辭也王弼云處三陽之中居下體
之上處上體之下上不全尊下不全卑中不在體體在乎恒
而分無所定無恒者也德行無恒自相違錯不可致詰故或
承之羞也子曰君子和而不同小人同而不和君子心和然其所見

各異故曰不同小人所嗜好者同然各爭利故曰不和疏子曰君子和而不同小人同而不和○正義曰此章
別君子小人志行不同之事也君子心和然其所見各異故曰不同小人所嗜好者則同然各爭利故曰不和子
貢問曰鄉人皆好之何如子曰未可也鄉人皆
惡之何如子曰未可也不如鄉人之善者好之
其不善者惡之孔曰善人善已惡人惡己是善善明惡惡著疏子貢至惡之○正義曰此章別好惡子貢問曰鄉人皆好之何如者言有一人爲
一鄉之所愛好此人何如可謂善人乎子曰未可也者言未
可爲善或一鄉皆惡此人與之同黨故爲衆所稱是以未可
鄉人皆惡之何如者此子貢又問夫子既鄉人皆好未可爲
善若鄉人衆共憎惡此人何如可謂善人乎子曰未可也者
言亦未可爲善或一鄉皆善此人獨惡故爲衆所疾是以未
可不如鄉人之善者好之其不善者惡之者孔子既言皆不可
其與自爲說其善人也言鄉之善人善之惡人惡之其善人
也○注孔曰至惡著○正義曰言鄉人皆好之是善善不明
鄉人皆惡之是惡惡不著若鄉人之善者善之惡者惡之則

是善善分明惡惡顯著也子曰君子易事而難說也孔曰不責備於一人故易
事說之不以道不說也及其使人也器之孔曰度才而官
之小人難事而易說也說之雖不以道說也及
其使人也求備焉疏子曰至備焉○正義曰此章論君子小人不同之事也子曰君子易
事而難說也者言君子不責備於一人故易事不受妄說故難說也說之不以道不說也及其使人也器之者此覆明難
說易事之理言君子有正德若人說已不以道而妄說則不喜說也是以難說度人才器而官之不責備故易事小人難
事而易說也者小人反君子故也說之雖不以道說也及其使人也求備焉者此覆明易說難事之理以小人為人諂媚
雖不以道而妄說之亦喜說故易說也及其使人也責備於一人焉故難事也子曰君子泰而
不驕小人驕而不泰君子自縱泰似驕而不驕小人拘忌而實自驕矜疏子曰
君子泰而不驕小人驕而不泰○正義曰此章論君子小人禮皃不同之事也君子自縱泰似驕而實不驕小人實自驕

矜而強自拘忌不能寬泰也子曰剛毅木訥近仁王曰剛無欲毅果敢木質樸訥遲鈍
有斯四者近於仁疏子曰剛毅木訥近仁○正義曰此章言有此四者之性行近於仁道也仁者靜剛無欲亦
靜故剛近仁也仁者必有勇毅者果敢故毅近仁也仁者不尚華飾木者質樸故木近仁也仁者其言也訒訥者遲鈍
訥近仁也子路問曰何如斯可謂之士矣子曰切切
偲偲怡怡如也可謂士矣朋友切切偲偲兄弟
怡怡馬曰切切偲偲相切責之皃怡怡和順之皃疏子路至怡怡○正義曰此章明士行也子路問
曰何如斯可謂之士矣者問士之行何如也子曰切切偲偲怡怡如也可謂士也者此答士行也朋友切切偲偲兄弟怡
怡者此覆明其所施也切切偲偲相切責之皃朋友以道義切瑳琢磨故施於朋友也怡怡和順之皃兄弟天倫當相友
恭故怡怡施於兄弟也子曰善人教民七年亦可以即戎矣
包曰即就也戎兵也言以攻戰疏子曰善人教民七年亦可以即戎矣○正義曰此章言善人為政之法也善人

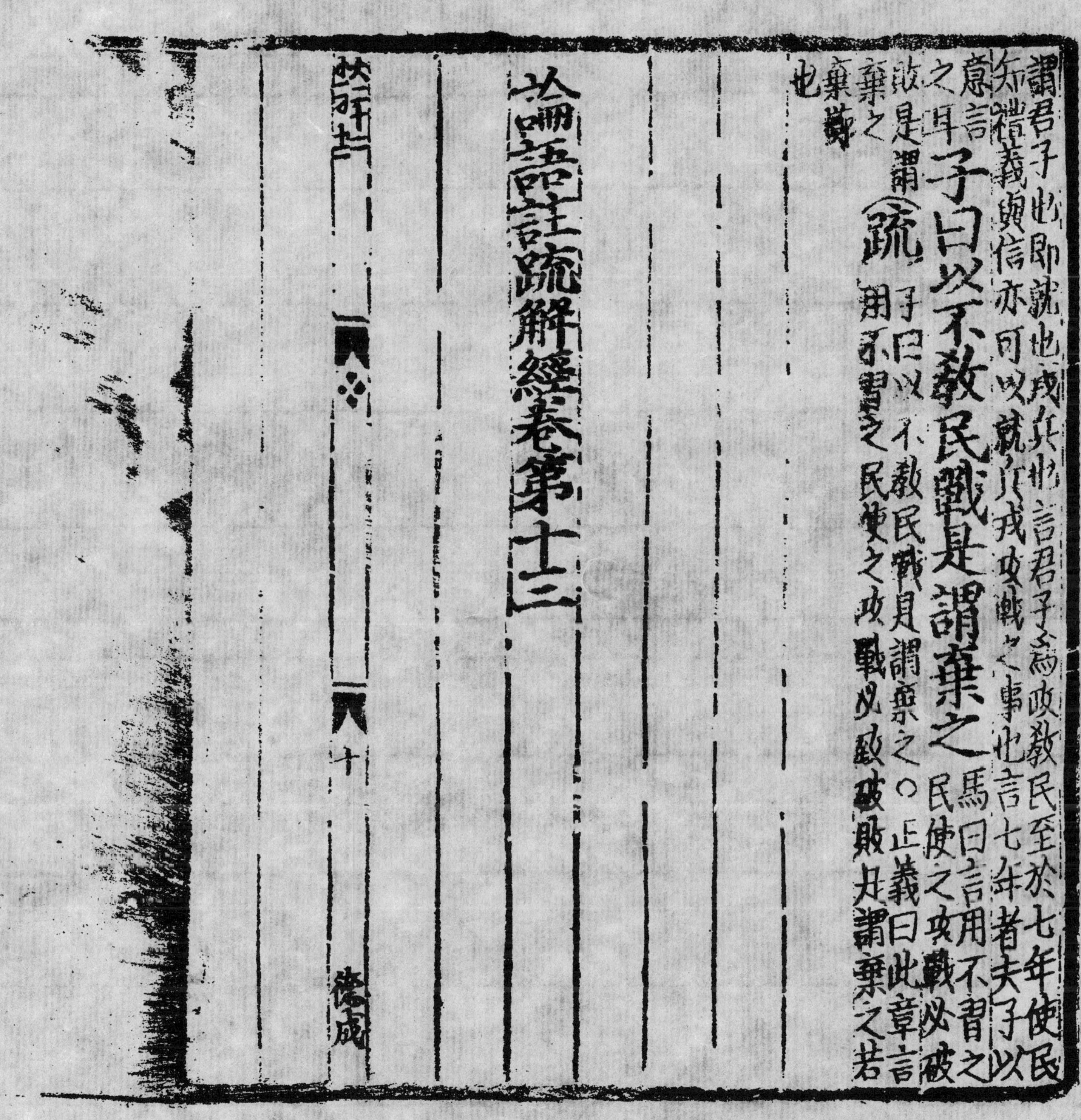

謂君子也即就也戎兵也言君子爲政教民至於七年使民知禮義與信亦可以就兵戎攻戰之事也言七年者夫子以意言之耳

子曰以不教民戰是謂棄之（馬曰言用不習之民使之攻戰必破敗是謂棄之）

疏 子曰以不教民戰是謂棄之○正義曰此章言用不習之民使之攻戰必破敗是謂棄之若棄擲也

論語註疏解經卷第十三

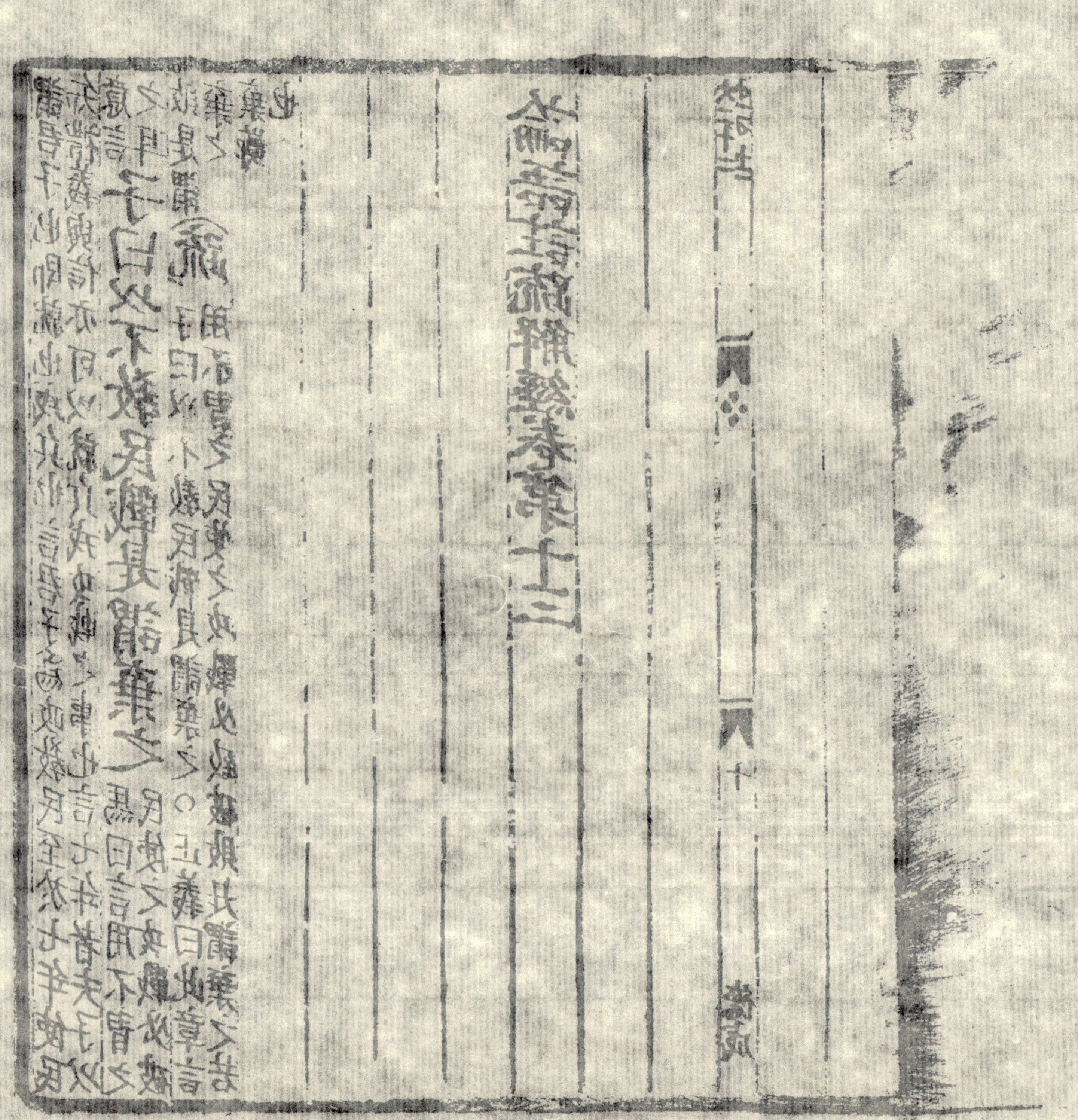

論語註疏解經卷第十四

憲問第十四　何晏集解　邢昺疏

疏 正義曰此篇論三王二霸之迹諸侯大夫之行為仁知恥脩己安民皆政之大節也故以類相聚次於問政也

憲問恥子曰邦有道穀 孔曰穀祿也邦有道當食祿 邦無道穀恥也 孔曰君無道而在其朝食其祿是恥辱

克伐怨欲不行焉可以為仁矣 馬曰克好勝人伐自伐其功怨忌小怨欲貪欲也 子曰可以為難矣仁則吾不知也 包曰四者行之難未足以為仁

疏 憲問恥至知也○正義曰此章明恥辱及仁德也憲謂弟子原憲憲問於夫子曰人之行何為可恥辱也子曰邦有道穀邦無道穀恥也者穀祿也孔子答言邦有道當食祿君無道而在其朝食其祿是恥辱也克伐怨欲不行焉可以為仁矣者克好勝人也伐自伐其功也怨忌小怨也欲貪欲也原憲復問曰若此四者不行焉可以為仁人矣乎子曰可以為難矣仁則吾不知也者孔子答言不行四者可以為難未足以為仁也○註馬曰至欲也○正義曰云克好勝人者克訓勝也左傳僖元年秦伯將納晉惠公謂其大夫公孫枝曰夷吾其定乎對曰言多忌克難哉公曰忌則多怨又焉能克是頡曰其言雖多忌適足以自害不能勝人以是克為好勝人也云伐自伐其功者書曰汝惟不伐天下莫與汝爭功老子曰自伐者無功言人有功誇示之則人不與乃無功也是伐去其功若伐去國不然故經傳謂誇功為伐謂自伐其功也

子曰士而懷居不足以為士矣 士當志道不求安而懷其居非士也

疏 子曰士而懷居不足以為士矣○正義曰此章言士當志於道不求安居而懷安其居則非士也

子曰邦有道危言危行 包曰危厲也邦有道可以厲言行也 邦無道危行言孫 孫順也厲行不隨俗順言以遠害

疏 子曰邦有道危言危行邦無道危行言孫○正義曰此章教人言行之法也危厲也孫順也言邦有道可以厲言行邦無道則厲其行不隨汙俗順言辭以避當時之害

子曰有德者必有言 德不可以億中故必有言 有言者不必有德仁者必有勇

論語注疏解經卷第十四

憲問第十四　何晏集解　邢昺疏

疏 正義曰此篇論三王二霸之跡諸侯大夫之行為仁知恥脩己安民皆政之大節也故以類相聚次於問政也

憲問恥子曰邦有道穀 孔曰穀祿也邦有道當食祿 邦無道穀恥也 孔曰君無道而在其朝食其祿是恥辱 疏 [illegible]

克伐怨欲不行焉可以為仁矣 馬曰克好勝人伐自伐其功怨忌小怨欲貪欲也 子曰可以為難矣仁則吾不知也 孔曰四者行之難未足以為仁 疏 [illegible]

子曰士而懷居不足以為士矣 士當志道不求安而懷其居非士也 疏 [illegible]

子曰邦有道危言危行 包曰危厲也邦有道可以厲言行 邦無道危行言孫 孫順也厲行不隨俗順言以遠害 疏 [illegible]

子曰有德者必有言有言者不必有德 德不可以億中故必有言 仁者必有勇勇者不必有仁 [illegible]

勇者不必有仁【疏】子曰至有仁○正義曰此章論有德有仁者之行也子曰有德者必有言者德不可以無言億中故必有言也有言者不必有德者辯佞口給不必有德也仁者必有勇者見危授命殺身以成仁是必有勇也勇者不必有仁者若暴虎馮河之勇不必有仁也南宫适孔曰适南宫敬叔魯大夫問於孔子曰羿善射奡盪舟孔曰羿有窮國之君篡夏后相之位其臣寒浞殺之因其室而生奡奡多力能陸地行舟為夏后少康所殺俱不得其死然孔曰此二子者皆不得以壽終禹稷躬稼而有天下夫子不荅馬曰禹盡力於溝洫稷播百穀故曰躬稼禹及其身稷及後世皆王适意欲以禹稷比孔子孔子謙故不荅也南宫适出子曰君子哉若人尚德哉若人孔曰賤不義而貴有德故曰君子

【疏】南宫适至若人○正義曰此章賤不義而貴有德也南宫适者魯大夫南宫敬叔也問於孔子曰羿善射奡盪舟俱不得其死然禹稷耕稼而有天下者羿有窮國之君以其善射篡夏后相之位其臣寒浞殺之奡寒浞之子多力盪

舟也能陸地推舟而行為夏后少康所殺然猶焉也此二子者皆不得其壽終而死焉禹盡力於溝洫洪水既除烝民乃粒稷后稷也名棄周之始祖播種百穀皆以身親稼穡故曰禹稷躬稼也禹受舜禪稷及后世至文武皆王天下故曰而有天下也天子不荅者适意欲以禹稷比孔子孔子謙故不荅也南宫适出者既問而退也子曰君子哉若人尚德哉若人者以其賤羿奡之不義貴禹稷之有德故美之曰君子哉若此人也尚德哉若此人也○註孔曰适南宫敬叔魯大夫○正義曰此即南宫縚也字子容鄭註檀弓云敬叔魯孟僖子之子仲孫閱是也○註孔曰至所殺○正義曰云羿有窮國之君者羿居窮石之地故以窮為國號以有配之猶言有周有夏也篡國之君曰羿羿是有窮君之名號也孔註尚書云羿諸侯名杜註左傳云羿有窮君之號則與孔不同也說文云羿帝嚳射官也賈逵云羿之先祖世為先王射官故帝嚳賜羿弓矢使司射淮南子云堯時十日並生堯使羿射九日而落之楚辭天問云羿焉彃日烏解羽歸藏易亦云羿彃十日說文云彃射也此三者言雖不經難以取信要言帝嚳時有羿堯時亦有羿則羿是善射之號非復人之名字信如彼言則不知此羿名為何也云篡夏后相之位者襄四年左傳曰昔有夏之方衰也后羿自鉏遷於窮石因夏民以代夏

[illegible]

子曰[illegible]我[illegible]子[illegible]其[illegible]人也[illegible]

[illegible]天下夫子不[illegible]其[illegible]

[illegible]子曰[illegible]

[illegible]子[illegible]擊[illegible]

[illegible]曰是知其不可而為之者與[illegible]

政杜注云禹孫大康淫放失國夏人立其弟仲康仲康亦微弱仲康卒子相立羿遂代相號曰有窮是也云其臣寒浞殺之因其室而生奡者襄四年傳曰寒浞伯明氏之讒子弟也伯明后寒棄之夷羿收之信而使之以為己相浞行媚于內而施賂于外愚弄其民而虞羿于田樹之詐慝以取其國家外內咸服羿猶不悛將歸自田家眾殺而亨之浞因羿室生澆及豷是也澆與奡聲同字異彼此不同云奡多力能陸地行舟者以此文云奡盪舟盪訓推也故為多力能陸地推舟而行也云為夏后少康所誅者哀元年左傳曰昔有過澆殺斟灌以伐斟鄩滅夏后相后緡方娠逃出自竇歸于有仍生少康焉為仍牧正惎澆能戒之澆使椒求之逃奔有虞為之庖正以除其害虞思於是妻之以二姚而邑諸綸有田一成有眾一旅能布其德而兆其謀以收夏眾撫其官職使女艾諜澆使季杼誘豷遂滅過戈復禹之績是也過澆國戈豷國如彼傳文當是羿死之後相乃自立為天子相依斟尋鄩夏祚猶尚未滅篡與羿並稱王也及寒浞殺羿因羿室而生澆澆已長大自能用師始滅后相相死之後始生少康康生猶又年長已能誅澆方始滅浞而立少康云太康失邦反少康紹國向有百載乃滅有窮而夏本紀云仲康崩子相立相崩子少康立都不言羿浞之事是馬遷之疏也○註

馬曰至者也○正義曰云禹盡力於溝洫者泰伯篇文云稷播百穀者舜典文也又益稷云暨稷播奏庶艱食鮮食遷有無化居烝民乃粒故總曰躬稼云禹及其身稷及後世皆王者禹受舜禪是及身也稷后十五世至文王受命武王是討是及後世也皆王有天下而為王也云适意欲以禹稷比孔子者言孔子勤行道德亦當王有天下也孔子謙不敢以己比於禹稷故不答其言也

子曰君子而不仁者有矣夫未有小人而仁者也孔曰雖曰君子猶未能備疏子曰君子而不仁者有矣夫未有小人而仁者也○正義曰此章言仁道難備也雖曰君子猶未能備而有時不仁也若管仲九合諸侯不以兵車可謂仁矣而鏤簋朱紘山節藻梲是不仁也小人性不及仁道故未有仁者

子曰愛之能勿勞乎忠焉能勿誨乎孔曰言人有所愛必欲勞來之有所忠必欲教誨之疏子曰愛之能勿勞乎忠焉能勿誨乎○正義曰此章論忠愛之也言人有所愛必欲勞來之有所忠必欲教誨之也

子曰爲命裨諶草創之孔曰裨諶鄭大夫氏名也謀於野則獲於國則否鄭國將有諸侯之

使乘車以適野而謀作盟會之辭世叔討論之行人子羽脩飾之

東里子產潤色之馬曰世叔鄭大夫游吉也討治也裨諶既造謀世叔復治而論之詳而審之行人掌使之官子羽公孫揮子產居東里因以為號更此四賢而成故鮮有敗事【疏】子曰至色之○正義曰此章述鄭國四大夫之善也子曰為命裨諶草創之者裨諶鄭大夫也命謂政命盟會之辭也言鄭國將有諸侯之事作盟會之辭則使裨諶適草野以創制之世叔討論之者世叔即子大叔鄭大夫游吉也討治也裨諶既造謀世叔復治而論之詳而審之也行人子羽脩飾之者行人掌使之官子羽公孫揮亦鄭大夫也世叔既討論復令公孫揮脩飾之也東里子產潤色之者東里鄭城中里名子產居東里因以為號潤色謂增脩使華美也既更此四賢而成故鮮有敗事也○註孔曰至之辭○正義曰云謀於野則獲謀於邑則否者襄三十一年左傳文此及下註皆出於此案彼傳云子產之從政也擇能而使之馮簡子能斷大事子大叔美秀而文公孫揮能知四國之為而辨於大夫之族姓班位貴賤能否而又善為辭令裨諶能謀謀於野則獲謀於邑則否鄭國將有諸侯之事子產乃問四國之為於子羽且使多為辭令與裨諶乘以適野使謀可否而告馮簡子使斷之事成乃授子大叔使行之以應對賓客是以鮮有敗事是也○註馬曰至敗事○正義曰云行人掌使之官者周禮秋官有大行人小行人皆大夫也掌諸侯朝覲宗廟會同之禮儀及時聘問之事則諸侯之行人亦然故云掌使之官謂掌其為使之官也

或問子產子曰惠人也孔曰惠愛也子產古之遺愛

問子西曰彼哉彼哉馬曰子西鄭大夫彼哉彼哉言無足稱或曰楚令尹子西

問管仲曰人也猶詩言所謂伊人

奪伯氏駢邑三百飯疏食沒齒無怨言孔曰伯氏齊大夫駢邑地名齒年也伯氏食邑三百家管仲奪之使至疏食而沒齒無怨言以其當理也【疏】或問至怨言○正義曰此章歷評子產子西管仲之為人也或問子產者或人問於夫子曰鄭大夫子產何如人也夫子曰惠人也者惠愛也言子產仁恩惠愛人之人也問子西者或人又問鄭大夫子西之行曰彼哉彼哉言無足稱也言如彼人哉如彼人哉無足可稱也問管仲者或人又問齊大夫管仲之行也曰人也奪伯氏駢邑三百飯疏食沒齒無怨言者此答言管仲是當理之人也人也指管仲猶云此人也

三曰諛問諸[illegible]中曰入也西曰[illegible]

問乎西曰[illegible]故問乎齊[illegible]曰惠入也

[illegible]

東里子產問[illegible]

[illegible]

伯氏騈〻〻騈邑也名沒齒謂終沒齒年也伯氏食邑於騈
邑三百家管仲奪之使貧但飯疏食至於終年亦無怨言以
其管仲當理故也○注孔曰至讀變○正義曰惠愛也
云子產古之遺愛者昭二十年左傳曰子產卒仲尼聞之出
涕曰古之遺愛也案左云子產見愛有古人之遺風○注
曰至子西○正義曰云子西鄭大夫者案左傳子駟之子公
孫夏也或曰楚令尹子西者案左傳公子申也氏尊爲令
尹爲白公勝所殺者也○注猶詩言所謂伊人○正義曰詩
秦風蒹葭文也毛傳云伊維也鄭箋云
伊當作繄繄猶是也伊人是人也子曰貧而無怨
難富而無驕易(疏)子曰貧而無怨難富而無驕易○正義曰此章言人之貧者多怨
恨而無怨爲難江熙云顏淵無怨不可及也人若
好生驕逸而無驕爲易江熙云子貢不驕猶可能也
子曰孟公綽爲趙魏老則優不可以爲滕薛大夫
孔曰公綽魯大夫趙魏皆晉卿家臣稱老公綽性寡欲
趙魏貪賢家老無職故優滕薛小國大夫職煩故不可爲
子曰孟公綽爲趙魏老則優不可以爲滕薛大夫○正義曰
此章評魯大夫孟公綽之才性也趙魏皆晉卿所食采邑名
也家臣稱老公綽性寡欲趙魏貪賢家老無職若公綽爲之
則優游有餘裕也滕薛乃小國而大夫職煩則不可爲也

子路問成人子曰若臧武仲之知馬曰魯大夫臧孫紇公綽
之不欲馬曰孟公綽卞莊子之勇周曰卞邑大夫冉求之藝
文之以禮樂孔曰加之以禮樂文成亦可以爲成人矣曰今
之成人者何必然見利思義馬曰義然後取不苟得見危授
命久要不忘平生之言亦可以爲成人矣孔曰久要舊約
也平生猶少時(疏)子路至人矣○正義曰此章論成人之行也子
路問成人者問於夫子何如斯可謂之成人也子
曰若臧武仲之知公綽之不欲卞莊子之勇冉求之藝文之
以禮樂亦可以爲成人矣者此答成人之行也言知如臧武
仲廉如公綽勇如卞莊子藝如冉求復加之以禮
樂文成之雖未足多亦可以爲成人矣曰今之成人者何必
然者夫子既言成人者古之人也又言今之成人不必能
備如此也見利思義見危授命久要不忘平生之言亦可以

[illegible]

子曰貧而無怨難

富而無驕易 [illegible]

子曰孟公綽爲趙魏老則優不可以爲滕薛大夫 [illegible]

子路問成人子曰若臧武仲之知公綽

之不欲 [illegible] 卞莊子之勇冉求之藝

文之以禮樂 [illegible] 亦可以爲成人矣曰今之

成人者何必然見利思義 [illegible] 見危授

命久要不忘平生之言亦可以爲成人矣

[illegible]

爲成人矣者此子路言今之成人行也見利思合義然後取之見君親有危難當致命以救之久要舊約也平生猶少時言與人少時有舊約雖年長貴達時不忘其言能此三事亦可以爲成人也○註馬曰魯大夫臧孫紇○正義曰案春秋襄二十三年左氏傳以阿順季氏出奔邾又以防求爲後於魯致防而奔齊齊侯將爲臧紇田臧孫聞之見齊侯與之言伐晉對曰多則多矣抑君似鼠夫鼠晝伏夜動不穴於寢廟畏人故也今君聞晉之亂而後作焉寧將事之非鼠如何乃弗與田仲尼曰知之難也有臧武仲之知杜註云謂能避齊禍是武仲之知也

子問公叔文子於公明賈曰信乎夫子不言不笑不取乎孔曰公叔文子衛大夫公孫拔文諡公明賈對曰以告者過也夫子時然後言人不厭其言樂然後笑人不厭其笑義然後取人不厭其取子曰其然豈其然乎馬曰美其得道嫌不能悉然

【疏】子問至然乎○正義曰此章言衛大夫公孫拔之德行也子問公叔文子於公明賈曰信乎夫子不言不笑不取乎者夫子指文子也孔子舊聞文子有此三行疑而未信故問於公明賈曰信實乎公明賈對曰以告者過誤也賈對孔子言以告者誤云不言不笑不取耳夫子時然後言人不厭其言樂然後笑人不厭其笑義然後取人不厭其取者賈言文子亦有言笑及取但中時然後言無游言也故人不厭其言可樂然後笑不苟笑也故人不厭惡其笑也見得思義合宜然後取之不貪取也故人不厭其取也子曰其然豈其然乎者然如此也孔子聞賈之言驚而美之也美其得道故曰其如是又嫌不能悉然故曰豈可盡能如此者乎○註孔曰公叔文子衛大夫公孫拔文諡○正義曰案世本云獻公生成子當當生文子拔拔生朱爲公叔氏謚法慈惠愛民曰文

子曰臧武仲以防求爲後於魯雖曰不要君吾不信也孔曰防武仲故邑爲後立後也魯襄公二十三年武仲爲孟氏所譖出奔邾自邾如防使爲以大蔡納請曰紇非能害也知不足也非敢私請苟守先祀無廢二勳敢不辟邑乃立臧爲紇致防而奔齊此所謂要君

【疏】子曰臧武仲以防求爲後於魯雖曰不要君吾不信也○正義曰此章論臧武仲要君之事防武仲故邑爲後猶立後也武仲據防邑求立後於魯欲人

雖曰武仲不是要君吾不信也言實是要君○注孔曰至要君○正義曰云魯襄公二十三年武仲爲孟氏所譖出奔邾者此及下至致防而奔齊皆左氏傳文也案彼傳云季武子無適子公彌長而愛悼子欲立之訪於臧紇紇爲立之公彌即公鉏也孟孫惡臧孫季孫愛之孟氏之御騶豐點好羯也孟莊子疾豐點謂公鉏苟立羯請讎臧氏孟孫卒遂立羯孟氏閉門告於季孫曰臧氏將爲亂不使我葬季孫不信臧孫聞之戒冬十月孟氏將辟藉除於臧氏臧孫使正夫助之除於東門甲從己而視之孟氏又告季孫季孫怒命攻臧氏乙亥臧紇斬鹿門之關以出奔邾是也云自邾如防使爲以大蔡納請者傳又曰初臧宣叔娶于鑄生賈及爲而死繼室以其姪穆姜之姨子也生紇長於公宮姜氏愛之故立之臧賈臧爲出在鑄臧武仲自邾使告臧賈且致大蔡焉曰紇不佞失守宗祧敢告不弔紇之罪不及不祀子以大蔡納請其可賈曰是家之禍也非子之過也賈聞命矣再拜受龜使爲以納請遂自爲也臧孫如防使來告是也杜預曰大蔡大龜云紇非敢害也知不足也者此下皆彼傳文言使甲從己但慮事故耳云非敢私請者言爲其先人請也云苟守先祖無廢二勳者二勳文仲宣叔云敢不辟邑乃立臧爲紇致防而奔齊此所謂要君者據邑請後故孔子以爲要君

子曰晉文公譎而不正鄭曰譎者詐也謂召天子而使諸侯朝之仲尼曰以臣召君不可以訓故書曰天王狩於河陽是譎而不正也齊桓公正而不譎馬曰伐楚以公義責苞茅之貢不入問昭王南征不還是正而不譎也

疏子曰晉文公譎而不正齊桓公正而不譎○正義曰此章論二霸之事也譎詐也謂晉文公召天子而使諸侯朝之是詐而不正也齊桓公伐楚實因侵蔡而遂伐楚乃以公義責苞茅之貢不入問昭王南征不還是正而不詐也○註鄭曰至正也○正義曰云謂召天子而使諸侯朝之者案左傳僖二十八年冬會于溫是會也晉侯召王以諸侯見且使王狩是也云仲尼曰以臣召君不可以訓故書曰天王狩於河陽者亦彼傳文也云是譎而不正也者晉侯本意欲大合諸侯之師共尊事天子以爲臣之名義實無覬覦之心但於時周室既衰天子微弱忽然帥九國之師將數千乘之衆入京師以臨天子似有篡奪之謀恐爲天子拒逆或復天子怖懼棄位出奔則晉侯之心實盡誠無辭可解故自嫌強大不敢朝王故召諸侯來會于溫溫去京師路近因[illegible]令王出會受朝天子不可以受朝爲辭故令假稱出狩[illegible]國會遇王遂共朝王得盡君臣之禮皆孔子所謂譎而不正之事聖人作法所以貽訓

後世以臣召君不可以爲教訓故改正舊史當依實而
書言晉侯召王因使王狩仲尼書曰天王狩于河陽言天
王自來狩獵于河陽之地使若獵失其地故書之以譏王然
註馬曰至譎也〇正義曰云伐楚以公義責苞茅之貢不入
問昭王南征不還者僖四年左傳文也四年春齊侯以諸侯之師侵
蔡蔡潰遂伐楚楚子使與師言曰君處北海寡人處南海唯
是風馬牛不相及也不虞君之涉吾地也何故管仲對曰昔召
康公命我先君大公曰五侯九伯女實征之以夾輔周室賜
我先君履東至于海西至于河南至于穆陵北至于無棣爾
貢苞茅不入王祭不共無以縮酒寡人是徵昭王南征而不
復寡人是問是也杜注云包裹束也茅菁茅也束而灌之以
酒爲縮酒尚書包匭菁茅茅之爲異未審昭王成王之孫南
巡狩涉漢船壞而溺周人諱而不赴諸侯不知其故問之
案禹貢荊州包匭菁茅孔安國云其所包裹而致者匭匣也
菁以爲菹茅以縮酒郊特牲云縮酌用茅鄭玄云泲之以茅
縮去滓也周禮甸師祭祀共蕭茅鄭興云蕭字或爲莤莤讀
爲縮束茅立之祭前沃酒其上酒滲下去若神飲之故謂之
縮縮滲也故齊桓公責楚不貢苞茅王祭不共無以縮酒杜
預用鄭興之說孔安國以菁與茅別杜云茅菁茅則以菁茅
爲一特令荊州貢茅必當異於餘處但更無傳說故云茅之

爲異未審也沈氏云大史公封禪書云江淮之間一茅三脊
社云未審者以三脊之茅比目之魚比翼之鳥皆是靈物不
可常貢故杜云未審也舊說皆言漢濵之人以
膠膠船故得水而壞昭王溺焉不知本出何書子路曰桓
公殺公子糾召忽死之管仲不死曰未仁乎孔曰齊襄
公立無常鮑叔牙曰君使民慢亂將作矣奉公子小白出奔
莒襄公從弟公孫無知殺襄公管夷吾召忽奉公子糾出奔
魯齊人殺無知魯伐齊納子糾小白自
莒先入是爲桓公乃殺子糾召忽死之子曰桓公九合
諸侯不以兵車管仲之力也如其仁如其仁孔曰
誰如管疏子路至其仁〇正義曰此章論齊大夫管仲之
仲之仁行也子路曰桓公殺公子糾召忽死之管仲不
死曰未仁乎者召忽管仲皆事子糾及桓公殺公子糾召忽
致死而管仲獨不死復臣桓公故子路言管仲未得爲仁乎
子曰桓公九合諸侯不以兵車管仲之力也如其仁如其仁
者孔子聞子路言管仲未仁故爲說其行仁之事言齊桓公
九合會諸侯不以兵車謂衣裳之會也存亡繼絕諸夏乂安皆
管仲之力也足得爲仁餘更有誰如其管仲之仁再言之者

[illegible]

所以拒子路美管仲之深也。言九合者，史記云兵車之會三，乘車之會六。穀梁傳云衣裳之會十有一。范甯註云：十三年會北杏，十四年會鄄，十五年又會鄄，十六年會幽，二十七年又會幽，僖元年會檉，二年會貫，三年會陽穀，五年會首戴，七年會甯毋，九年會葵丘，凡十一會。不取北杏及陽穀為九也。○註孔曰至死之。○正義曰：云襄公立無常至出奔莒，皆莊八年左傳文也。杜註云：政令無常。鮑叔牙，小白傅。小白，僖公庶子。云襄公從弟公孫無知殺襄公者，春秋莊八年冬十有一月癸未，齊無知弒其君諸兒是也。云管夷吾召忽奉公子糾出奔魯者，亦莊八年左傳文。云齊人殺無知，魯伐齊，納子糾者，莊九年經文也。云小白自莒先入，是為桓公者，九年傳文也。云殺子糾，召忽死之者，案莊九年傳云：夏，公伐齊，納子糾。桓公自莒先入。秋，師及齊師戰于乾時，我師敗績。鮑叔帥師來言曰：子糾親也，請君討之。管召讎也，請受而甘心焉。乃殺子糾于生竇，召忽死之。管仲請囚，鮑叔受之，及堂阜而稅之。歸而以告曰：管夷吾治於高傒，使相可也。公從之是也。

子貢曰：管仲非仁者與？桓公殺公子糾，不能死，又相之。子曰：管仲相桓公，霸諸侯，一匡天下，馬曰：匡，正也。天子微弱，桓公帥諸侯以尊周室，一正天下。民到于今受其賜。受其賜者，為不被髮左衽之惠。微管仲，吾其被髮左衽矣。馬曰：微，無也。無管仲，則君不君，臣不臣，皆為夷狄。豈若匹夫匹婦之為諒也，自經於溝瀆而莫之知也。王曰：經，經死於溝瀆中也。管仲召忽之於公子糾，君臣之義未正成，故死之未足深嘉，不死未足多非。死事既難，亦在於過厚，故仲尼但美管仲之功，亦不言召忽不當死。

疏 子貢至知也。○正義曰：此章亦論管仲之行。子貢曰管仲非仁者與者，子貢言齊大夫管仲不死而未定，故云與。桓公殺公子糾，不能死，又相之者，子貢既言非仁，遂言非仁之事。管仲與召忽同事公子糾，則有君臣之義，理當殉命致死，而齊桓公使魯殺公子糾，召忽則死，管仲不能致死，復為桓公之相，是無仁於公子糾，故子貢非之也。子曰管仲相桓公霸諸侯一匡天下者，此下孔子為子貢說管仲之仁也。匡，正也。霸，把也。謂把持天子之政也。言時周天子微弱，管仲相桓公帥諸侯以尊周室，一匡天下也。民到於今受其賜者，謂受不被髮左衽之惠賜也。微管仲吾其被髮左衽矣者，微，無也。衽謂衣衿，衣衿向左謂之左衽。夷狄之人被

髮左衽言無管仲則君不君臣不臣中國皆為夷狄故云吾
其被髮左衽也豈若匹夫匹婦之為諒也自經於溝瀆而莫
之知也者自經謂經死於溝瀆中也諒信也匹夫匹婦謂庶
人也無別妾媵唯夫婦相匹而已言管仲志在立功創業豈
肯若庶人之為小信自經死於溝瀆中而使人莫知其名也
且管仲召忽之於公子糾君臣之義未正成故召忽死之未
足深嘉管仲不死未足多非死事既難亦在於過厚故仲尼
但美管仲之功亦不言召忽不當死○註馬曰至天下○正
義曰云匡正也釋言文云天子微弱桓公帥諸侯以尊周室
一正天下者成二年左傳云五伯之霸也杜預云夏伯昆吾
商伯大彭豕韋周伯齊桓晉文是三代有五伯矣伯者長也
言為諸侯之長也鄭玄云天子衰諸侯興故曰霸霸者把也
言把持王者之政教故其字或作伯或作霸也是天子
微弱桓公帥諸侯以尊周室一正天下故曰霸諸侯也

公叔文子之臣大夫僎與文子同升諸公孔曰大夫僎本文子家臣薦之使與己並為大夫同升在公朝子聞之曰可以為文矣孔曰言行如是可謚為文

疏公叔至文矣○正義曰此章論衛大夫公孫拔之行也公叔文子之臣大夫僎與文子同升諸公者諸於

也大夫僎本文子家臣文子薦之使與己並為大夫同升在
於公朝也子聞之曰可以為文矣者孔子聞其行如是故稱
之曰可以謚為文矣以謚法錫民爵位曰文故也

子言衛靈公之無道也康子曰夫如是奚而不喪孔子曰仲叔圉治賓客祝鮀治宗廟王孫賈治軍旅夫如是奚其喪孔曰言雖無道所任者各當其才何為當亡

疏子言至其喪○正義曰此章言治國在於任材也子言衛靈公之無
道也康子曰夫如是奚而不喪者喪亡也奚何也夫子因言
衛靈公之無道季康子乃問之曰夫靈公無道如是何為而
國不亡乎孔子曰仲叔圉治賓客祝鮀治宗廟王孫賈治軍
旅夫如是奚其喪者言君雖無道有此三人所任者各當其
才何為當亡

子曰其言之不怍則為之也難馬曰怍慚也內有其實則言之不慚積其實者為之難

疏子曰其言之不怍則為之也難○正義曰此章疾時人內無其實而辭多慙怍
怍慙也人若內有其實則其言之不慚然則內積其實者為之也其難

陳成子弒簡公孔

子沐浴而朝告於哀公曰陳恒弑其君請討之馬曰成子齊大夫陳恒也將告君故先齊齊必沐浴公曰告夫三子孔曰謂三卿也孔子曰以吾從大夫之後不敢不告也君曰告夫三子者馬曰我禮當告君不當告三子君使我往故復往之三子告不可孔子曰以吾從大夫之後不敢不告也馬曰孔子由君命之三子告不可故復以此辭語之而止

疏陳成至告也○正義曰此章記孔子惡無道之事也陳成子弑簡公者春秋哀十四年齊人弑其君壬是也孔子沐浴而朝告於哀公曰陳恒弑其君請討之者孔子在魯聞齊弑其君故齊戒沐浴而朝告於魯君哀公曰齊大夫陳恒弑其君請往討伐之公曰告夫三子者哀公使孔子告夫季孫孟孫叔孫三卿也孔子曰以吾從大夫之後不敢不告也者嘗為大夫而去故云從大夫之後聞夫不義禮當告君故云不敢不告君曰告夫三子者者言我禮當告君不當告三子君使我往故復往之三子告不可者之往也往三子所告之三子不肯討齊也孔

子曰以吾從大夫之後不敢不告也者孔子以君命往告三子三子不可其請故孔子復以此辭語之而止案左傳録此事與此小異此云沐浴而朝彼云齊而請此云公曰告夫三子彼云公曰子告季孫禮齊必沐浴三子季孫為長各記其一茲不同耳此又云之三子告彼無文者傳是史官所録記其與君言耳退後别告三子唯弟子知之史官不見其告故專無文也

子路問事君子曰勿欺也而犯之孔曰事君之道義不可欺當能犯顔諫爭

疏子路問事君子曰勿欺也而犯之○正義曰此章言事君之道義不可欺而當能犯顔諫爭之

子曰君子上達小人下達本為上末為下

疏子曰君子上達小人下達○正義曰此章言君子小人所曉達不同也本為上謂德義也末為下謂財利也言君子達於德義小人達於財利

子曰古之學者為己今之學者為人孔曰為己履而行之為人徒能言之

疏子曰古之學者為己今之學者為人○正義曰此章言古今學者不同也古人之學則履而行之是為己也今人之學空能為人言說之已不能行是為人也范曄云為人者憑譽以顯物為己者因心以會道也蘧

伯玉使人於孔子。孔子與之坐而問焉，孔曰伯玉衛大夫蘧瑗曰：夫子何為？對曰：夫子欲寡其過而未能也。言夫子欲寡其過而未能無過使者出。子曰：使乎使乎！陳曰再言使乎者善之也言使得其人

疏蘧伯至使乎。○正義曰：此章論衛大夫蘧瑗之德。蘧伯玉使人於孔子，孔子與之坐而問焉，曰夫子何為者，夫子指蘧伯玉也。蘧伯玉有君子之名，故孔子問其使人曰：夫子何所云為而得此君子之名譽乎？對曰夫子欲寡其過而未能也者，言夫子常自脩省，欲寡少其過而未能無過也。使者出，子曰使乎使乎者，孔子善其使得其人，故言使乎使乎。所以善之者，顏回尚不能無過，況伯玉乎？而使者云未能，是伯玉之心不見欺也。

子曰：不在其位，不謀其政。曾子曰：君子思不出其位。孔曰不越其職

疏子曰不在其位不謀其政曾子曰君子思不出其位。○正義曰：此章戒人之僭濫侵官也。言君子已不在此位，則不得謀議此位之政事也。曾子遂曰君子思謀當不出己位，言思慮所及不越其職。

子曰：君子恥其言而過其行。疏子曰君子恥其言而過其行。○正義曰：此章勉人使言行相副也。君子言行相顧，若言過其行，謂有言而行不副，君子所恥也。

子曰：君子道者三，我無能焉：仁者不憂，知者不惑，勇者不懼。子貢曰：夫子自道也。疏子曰至道也。○正義曰：此章論君子之道。子曰君子道者三我無能焉者，言君子之道有三，我皆不能也。仁者不憂、知者不惑、勇者不懼者，此其三也。仁者樂天知命，內省不疚，故不憂也。知者明於事，故不惑。勇者折衝禦侮，故不懼。夫子言我皆不能此三者。子貢曰夫子自道也者，子貢言夫子實有仁知及勇，而謙稱我無，故曰夫子自道說也。所謂謙尊而光。

子貢方人。孔曰比方人也子曰：賜也賢乎哉？夫我則不暇。孔曰不暇比方人也疏子貢至不暇。○正義曰：此章抑子貢也。子貢方人者，謂比方人也。子貢多言，嘗舉其人倫以相比方。子曰賜也賢乎哉夫我則不暇者，夫知人則哲，堯舜猶病，而子貢輒比方人，怨其輕易，故曰賜也賢乎哉，所以抑之也。夫我則不暇比方人也。

子曰：不患人之不

己知患其不能也王曰徒患己之無能〔疏〕子曰不患人之不己知患其不能也○正義曰此章勉人脩德也言不患人不知己但患己之無能[illegible]

子曰不逆詐不億不信[illegible]抑亦先覺者是賢乎[illegible]孔曰先覺人情者是寧[illegible]或時反怨人[illegible]〔疏〕子[illegible]

不逆詐[illegible]乎○正義曰此章戒不可逆詐[illegible]不信也抑[illegible]人者是[illegible]非賢者以詐偽不信之人為人[illegible]先覺者皆非為賢也

微[illegible]生畝謂孔子曰丘何為是栖栖者與無乃為佞乎包曰微生姓畝名孔子曰非敢為佞也疾固也包曰疾世固陋欲行道以化之〔疏〕微生至疾固也○正義曰此章記孔子疾世固[illegible]之事也微生畝謂孔子曰丘何為是栖栖者與無乃為佞乎者栖栖猶皇皇也微生畝隱士之姓名也[illegible]孔子曰丘呼孔子名也何為如是東西南北而栖栖[illegible]與無乃為佞說之事於世乎孔子曰非敢為佞也[illegible]者孔子答言不敢為佞但疾世固陋欲行道以化之也

大二百三十二 州五百八十 【孝禾十四】 【七二

子曰驥不稱其力稱其德也鄭曰德者調良之謂[illegible]其德也○正義曰此章疾時尚力取[illegible]善焉名人不稱其任重致遠之力但稱[illegible]如完人亦宜然

或曰以德報怨何如子曰何以[illegible]以直報怨以德報德〔疏〕或曰至報德○正義曰[illegible]德報怨何如者或人之意欲[illegible]而不[illegible]德報讎怨何如子曰何以報德者孔子[illegible]德若受人恩惠之德不知何以報之[illegible]直者既不許或人以德報怨故陳其正法言當以直[illegible]以恩德報德也○註德恩惠之德○正義曰[illegible]薦其恩故謂荷恩為德左傳云然則德我乎[illegible]等是也

子曰莫我知也夫子貢曰何為其莫知子也子貢怪夫子言何為莫知己故問子曰不怨天不尤人馬曰孔子不用於世而不怨天人不知己亦不尤人下學而上達孔曰下學人事上知天命知我者其天

乎聖人與天地合其德故曰唯天知己疏子曰至天乎○正義曰此章言孔子自明其志也子曰莫我知也夫者孔子
言無人知我志者也子貢曰何為其莫知子也者子貢怪夫子言故問何為莫知己也子曰不怨天不尤人者尤非也孔子
言己不用於世而不怨天人不知己亦不非人也下學而上達者言己下學人事上知天命時有否泰故用有行藏以
不怨天尤人也知我者其天乎者言唯天知己志也○注聖人與天地合其德○正義曰此易乾卦文言文也言合其德者
謂覆載也引之者以證天知夫子者以夫子聖人與天地合德故也公伯寮愬子路於季
孫馬曰愬譖也伯寮魯人弟子也子服景伯以告孔曰魯大夫子服何忌也告告孔子曰
夫子固有惑志孔曰季孫信讒恚子路於公伯寮吾力猶能
肆諸市朝鄭曰吾勢力猶能辯子路之無罪於季孫使之誅寮而肆之有罪既刑陳其尸曰肆子
曰道之將行也與命也道之將廢也與命也公
伯寮其如命何疏公伯至命何○正義曰此章言道之廢行皆由天命也公伯寮愬子

路於季孫者愬譖也伯寮與子路皆臣於季孫伯寮譖子路於季孫
罪而譖於季孫也子服景伯以告者以其事告孔子也曰夫
子固有惑志者夫子謂季孫言季孫堅固已有疑惑之志
信讒恚子路也於公伯寮吾力猶能肆諸市朝者有罪既刑
陳其尸曰肆景伯言吾勢力猶能辯子路之無罪於季孫使
之誅寮而肆之子曰道之將行也與命也道之將廢也與命
也公伯寮其如命何者孔子不許其告故言道之廢行皆由
天命雖公伯寮之譖其能違天而興廢子路乎○注馬曰伯寮魯
人弟子也○正義曰史記弟子傳云公伯寮字子周周愬
子路於季孫者○註孔曰魯大夫子服何忌也○正義曰案
左傳哀十二年吳人將以公見晉侯子服景伯對使者曰吳人
乃止既而悔之將囚景伯景伯曰何也立後於魯矣註云
何景伯名然則景伯單名何而此註云何忌誤也○註云有罪
既刑陳其尸曰肆○正義曰秋官掌戮云協日刑殺肆之
三日鄭玄曰肆猶申也陳也是言有罪既殺陳其尸曰
肆也言市朝者應劭曰大夫已上於朝士已下於市子
曰賢者辟世孔曰世主莫得而臣其次辟地馬曰去亂國適治邦其次辟
色孔曰色斯舉矣其次辟言孔曰有惡言乃去子曰作者七人矣包曰

作為也為之者凡七人謂長沮桀溺丈人石門荷蕢儀封人楚狂接輿

【疏】子曰至人矣○義曰此章言自古隱逸賢者之行也子曰賢者辟世者謂天地閉則賢人隱高蹈塵外枕流漱石天子諸侯莫得而臣也其次辟地者未能高栖絕世但擇地而處去亂國適治邦者也其次辟色者不能豫擇治亂但觀君之顏色若有厭己之色於斯舉而去之也其次辟言者不能觀色斯舉矣有惡言乃去之也子曰作者七人矣者作為也言為此行者凡有七人○註孔曰色斯舉矣○正義曰此鄉黨篇文也○註包曰至接輿○正義曰作為釋言文云為之者凡七人謂長沮桀溺丈人石門荷蕢儀封人楚狂接輿者謂長沮一桀溺二荷蓧丈人三石門四荷蕢五儀封人六楚狂接輿七也王弼云七人伯夷叔齊虞仲夷逸朱張柳下惠少連鄭康成云伯夷叔齊虞仲辟世者荷蓧長沮桀溺辟地者柳下惠少連辟色者荷蕢楚狂接輿辟言者七當為十字之誤也

子路宿於石門晨門曰奚自晨門者閽人也子路曰自孔氏曰是知其不可而為之者與包曰言孔子知世不可為而強為之

【疏】子路至者與○正義曰此章記隱者晨門之言也子路宿於石門晨門曰奚自者石門地

名也晨門掌晨昏開閉門者謂閽人也自從也奚何也時子路宿於石門夙興為門人所問曰汝何從來乎子路曰自孔氏者子路荅閽人言自孔氏處來也曰是知其不可而為之者與者晨門聞子路云從孔氏未審孔氏為誰又舊知孔子之行故聞曰是知其世不可為而周流東西彊為之者此孔氏與意非孔子不能隱遯辟世也

子擊磬於衛有荷蕢而過孔氏之門者曰有心哉擊磬乎蕢草器也有心謂契契然既而曰鄙哉硜硜乎莫己知也斯己而已矣此硜硜者徒信己而已言亦無益深則厲淺則揭包曰以衣涉水為厲揭揭衣也言隨世以行己若過水必以濟知其不可則當不為子曰果哉末之難矣未知己志而便譏己所以為果末無也無難者以其不能解己之道

【疏】子擊至難矣○正曰此章記隱者荷蕢之言也子擊磬於衛者時孔子在衛而自擊磬為聲也有荷蕢而過孔氏之門者曰有心哉擊磬乎者荷擔揭也蕢草也有心謂契契然當孔子擊磬之時有擔揭草器之人經孔氏之門聞其磬聲乃言曰有心契契然憂苦哉此擊磬者

[illegible]
而已矣[illegible]
[illegible]
子曰果哉末之難矣[illegible]
[illegible]

聲乎既而曰鄙哉硜硜乎莫已知也斯已而已矣者既已也硜硜鄙賤貌莫無也斯此也荷蕢者既言有心哉擊磬乎又察其磬聲已而言曰可鄙賤哉硜硜乎無人知已此硜硜者徒信已而已言無益也深則厲淺則揭者此衞風匏有苦葉詩以衣涉水爲厲揭衣也荷蕢者引之欲令孔子隨世以行已若過水深則當厲淺則當揭而不當厲以喻行已知其不可則不當爲也子曰果哉末之難矣者孔子聞荷蕢者譏己故發此言果謂果敢末無也言未知己志而便譏已所以爲果敢無難者以其不能解己之道不以爲難故云無難也○注蕢草器也有心謂契契然○正義曰蕢草器易說文小雅大東云契契寤歎毛傳云契契憂苦也○注包曰至不爲○正義曰云以衣涉水爲厲揭揭衣也者爾雅釋水文也孫炎曰揭衣褰裳也衣涉濡褌也

子張曰書云高宗諒陰三年不言何謂也孔曰高宗殷之中興王武丁也諒信也陰猶默也子曰何必高宗古之人皆然君薨百官總已馬曰已百官以聽於冢宰三年孔曰冢宰天官卿佐王治者三年喪畢然後王自聽政

疏子張至三年○正義曰此章論天子諸侯居喪之禮也子張曰書云高宗諒陰三年不言何謂也者高宗諒陰三年不言周書無逸篇文也高宗殷王武丁也諒信也陰默也言武丁居父憂信任冢宰默而不言三年矣子張未達其理而問於夫子也子曰何必高宗古之人皆然君薨百官總已以聽於冢宰三年者孔子答言何必獨高宗古之人皆如是諸侯死曰薨言君既薨新君即位使百官各總己職以聽使於冢宰三年喪畢然後王自聽政○注孔曰至默也○正義曰云高宗殷之中興王武丁也者孔安國云盤庚弟小乙子名武丁德高可尊故號高宗喪服四制引書云高宗諒陰三年不言善之也王者莫不行此禮何以獨善之也曰高宗者武丁武丁者殷之賢王也繼世即位而慈良於喪當此之時殷衰而復興禮廢而復起故載之於書中而高之故謂之高宗三年之喪君不言也是說不言之意也云諒信也陰默也者謂信任冢宰默而不言也禮記作諒闇鄭玄以爲凶廬非孔義也今所不取○注孔曰至聽政○正義曰云冢宰天官卿佐王治者者案周禮天官太宰之職掌建邦之六典以佐王治邦國敘官云乃立天官冢宰使帥其屬而掌邦治以佐王均邦國治官之屬大宰卿一人鄭注引此文云君薨百官總己以聽於冢宰言冢宰於百官無所不主爾雅曰冢大也冢宰大宰也變冢言大進退異名也百官總焉

子張曰書云高宗諒陰三年不言何謂也

子曰何必高宗古之人皆然君薨百官總己以聽於冢宰三年

爲則謂之冢列職於王則稱大冢大之上也山頂曰冢故冢宰天官卿佐王治者也云三年喪畢然後王自聽政者謂卒哭除服之後三年心喪已畢然後王自聽政也亦非衰麻三年者晉書杜預傳云太始十年元皇后崩依漢魏舊制既葬帝及群臣皆除服疑皇太子亦應除否詔諸尚書會僕射盧欽論之唯預以爲古者天子諸侯三年之喪始服齊斬既葬除喪服諒闇以居心喪終制不與士庶同禮於是盧欽魏舒問預證據預曰春秋晉侯享諸侯子產相鄭伯時簡公未葬請免喪以聽命君子謂之得禮宰咺歸惠公仲子之賵傳曰弔生不及哀此皆既葬除服諒闇之證也書傳之說既多學者未之思耳喪服諸侯爲天子亦斬衰豈可謂終服三年也預又作議曰周景王有后世子之喪既葬除喪而宴樂晉叔向譏之曰三年之喪雖貴遂服禮也王雖不遂宴樂以早此亦天子喪事見於古也稱高宗不言喪服三年而云諒闇三年此釋服心喪之文也譏景王不譏其除喪而譏其宴樂早則既葬應除而違諒闇之節也堯喪舜諒闇三年故稱遏密八音由此言之天子居喪齊斬之制菲杖絰帶當遂其既葬而除諒闇以終之三年無改於父之道故曰百官總己以聽冢宰喪服既除故更稱不言之美明不復寢苫枕由荒大政也禮記云三年之喪自天子達又云父母之喪無貴

賤一也又云端衰喪車皆無等此通謂天子居喪衣服之制同於凡人心喪之禮終於三年亦無服喪三年之文天子之位至尊萬機之政至大群臣之衆至廣不得同之於凡人故大行既葬祔祭於廟則因疏而除之已不除則群臣莫敢除故亟已以除之而諒闇以終制天下之人皆曰我王之仁也亟已以從宜皆曰我王之孝也既除而心喪我王猶若此之篤也凡我臣子亦安得不自勉以崇禮此乃聖制移風易俗之本也議奏皇太子遂除衰麻而諒闇喪終是知三年喪畢謂心喪畢然後王自聽政也

子曰上好禮則民易使也 民莫敢不敬故易使

【疏】子曰上好禮則民易使也○正義曰此章言君上好禮則民莫敢不敬故易使也

子路問君子子曰脩己以敬 孔曰敬其身 曰如斯而已乎曰脩己以安人 孔曰人謂朋友九族 曰如斯而已乎曰脩己以安百姓脩己以安百姓堯舜其猶病諸 孔曰病猶難也

【疏】子路問君子至病諸○正義曰此章論君子之道也子路問於孔子爲行何如可謂之君子也子曰脩己以敬者言君子當敬其

[illegible]

子曰上好禮則民易使也

[illegible]

子曰修己以敬[illegible]曰如斯而已乎[illegible]曰修己以安人[illegible]曰如斯而已乎[illegible]曰修己以安百姓[illegible]修己以安百姓[illegible]其猶病諸

[illegible]

其身也曰如斯而已乎者子路嫌其少故曰君子之道豈如此而已曰脩己以安人者人謂朋友九族孔子更爲廣之言當脩己又以恩惠安於親族也曰如斯而已乎者子路猶嫌其少故又言此曰脩己以安百姓者百姓謂衆人也此言當脩己以安天下之衆人也脩己以安百姓堯舜其猶病諸者病猶難也諸之也孔子恐其未已故又說此言言此脩己以安百姓之事雖堯舜之聖其猶難之況君子乎

原壤夷俟馬曰原壤魯人孔子故舊夷踞俟待也踞待孔子

子曰幼而不孫弟長而無述焉老而不死是爲賊賊謂賊害以杖叩其脛孔曰叩擊也脛脚脛

疏原壤夷俟至以杖叩其脛○正義曰此章記孔子責原壤之辭原壤魯人孔子故舊夷踞也俟待也原壤聞孔子來乃申兩足箕踞以待孔子也子曰幼而不孫弟長而無述焉老而不死是爲賊者孔子見其無禮故以此言責之孫順也言原壤幼少不順弟於長上及長無德行可稱述今老而不死不脩禮敬則爲賊害以杖叩其脛者叩擊也脛脚脛既數責之復以杖擊其脚脛令不踞也○註馬曰至孔子○正義曰原壤魯人孔子故舊者禮弓云孔子之故人曰原壤是也云夷踞俟待也踞待孔子者說文云踞蹲也蹲即坐也禮揖人必違其位今原壤坐待孔子故孔子責之也

闕黨童子將命馬曰闕黨之童子將命者傳賓主之語出入

或問之曰益者與子曰吾見其居於位也童子隅坐無位成人乃有位見其與先生並行也非求益者也欲速成者也包曰先生成人也並行不差在後違禮欲速成人者則非求益也

疏闕黨至者也○正義曰此章戒人當行少長之禮也闕黨童子將命者闕黨黨名童子未冠者之稱將命謂傳賓主之語出入時闕黨之童子能傳賓主之命也或問之曰益者與者或人見其童子能將命故問孔子曰此童子是自求進益之道也與子曰吾見其居於位也見其與先生並行也非求益者也欲速成者也者孔子苔或人言此童子非求進益者也乃是欲速成人者也知者禮童子隅坐無位成人乃有位今吾見此童子其居於成人之位禮父之齒隨行兄之齒鴈行今吾見此童子其與先生成人者並行不差在後違禮故知欲速成人者非求益也

論語註疏解經卷第十五

衛靈公第十五　何晏集解　邢昺疏

（疏）正義曰此篇記孔子先禮後兵去亂就治并明忠信仁知勸學爲邦無所毀譽必察好惡志士君子之道事君相師之儀皆有明訓務之事故次前篇也

衛靈公問陳於孔子（孔曰軍陳行列之法）孔子對曰俎豆之事則嘗聞之矣（孔曰俎豆禮器）軍旅之事未之學也（鄭曰萬二千五百人爲軍五百人爲旅軍旅末事本未立不可教以末事）

（疏）衛靈至學也○正義曰此章記孔子先禮後兵之事也衛靈公問陳於孔子者問軍陳行列之法於孔子也孔子對曰俎豆之事則嘗聞之矣軍旅之事未之學也者俎豆禮器萬二千五百人爲軍五百人爲旅孔子之意治國以禮義爲本軍旅爲末本未立則不可教以末事今靈公但問軍陳故對曰俎豆行禮之事則嘗聞之軍旅用兵之事未之學也左傳哀十一年孔文子之將攻大叔也訪於仲尼仲尼曰胡簋之事則嘗學之矣甲兵之事未之聞也其意亦與此同軍旅甲兵亦治國之具也然以文子非禮欲國內爭兵此以靈公空問軍陳故並不答非輕甲兵也○註俎豆禮器○正義曰案明堂位云俎有虞氏以梡夏后氏以嶡殷以椇周以房俎鄭註云梡斷木爲四足而已嶡之言蹷也謂中足爲橫距之象周禮謂之距椇之言枳椇也謂曲橈之也房謂足下跗也上下兩間有似於堂房魯頌曰籩豆大房又曰夏后氏以楬豆殷玉豆周獻豆鄭註云楬無異物之飾也獻疏刻之齊人謂無髮爲禿楬其制度備在禮圖○註鄭曰萬二千五百人爲軍五百人爲旅○正義曰皆司馬序官文

明日遂行在陳絶糧從者病莫能興（孔曰從者弟子興起也）

也（孔曰去衛如曹曹不容又之宋遭匡人之難又之陳會吳伐陳陳亂故乏食）子路慍見曰君子亦有窮乎子曰君子固窮小人窮斯濫矣（濫溢也君子固亦有窮時但不如小人窮則濫溢爲非）

（疏）明日至濫矣○正義曰此章記孔子路於陳也明日遂行者既答靈公之明日也遂去衛國而之於他邦也在陳絶糧從者病莫能興者從者弟子也興起也孔子適在陳遭

[illegible]

子貢問曰孔文子何以謂之文也 [illegible]

[illegible] 事 [illegible] 之學 [illegible]

[illegible] 集解 [illegible] 疏

吳伐陳陳亂故乏絕糧食弟子從者困病莫能興起也子路慍見曰君子亦有窮乎者慍怒也子路以爲君子學則祿在其中不當有窮困今乃窮困故慍怒而見問於夫子曰君子豈亦如常人有窮困邪子曰君子固窮小人窮斯濫矣者濫溢也言君子固亦有窮困時但不好小人窮則濫溢爲非○註孔曰至之食○正義曰云孔子去衛如曹曹不容又之宋宋遭匡人之難又之陳會吳伐陳者皆以孔子世家文而知也如之皆訓往

子曰賜也女以予爲多學而識之者與對曰然孔曰然謂多學而識之非與孔曰問今不然曰非也予一以貫之善有元事有會天下殊塗而同歸百慮而一致知其元則衆善舉矣故不待多學而一知之

疏子曰至貫之○正義曰一章言善道有統也子曰賜也女以予爲多學而識之者與者孔子問子貢女意以我爲多其學問記識之者與與語辭對曰然者子貢意以爲然是夫子多學而識之也非與者子貢又言今乃非多學而識之者與曰非也予一以貫之者孔子荅言已之善道非多學而識之也我但用一理以通貫之以其善有元事有會知其元則衆善舉矣故不待多學一以知之○註天下殊塗而同歸百慮而一致○正義曰周易下繫辭文也

子曰由知德者鮮矣王曰君子固窮而子路慍見故謂之少於知德

疏子曰由知德者鮮矣○正義曰此一章言子路鮮於知德鮮少也由子路名言君子固窮而子路慍見故謂之少於知德也

子曰無爲而治者其舜也與夫何爲哉恭己正南面而已矣言任官得其人故無爲而治

疏子曰無爲而治者其舜也與夫何爲哉恭己正南面而已矣○正義曰此一章美帝舜也帝王之道貴在無爲清靜而民化之然後之王者以罕能及故孔子曰無爲而天下治者其舜也與所以無爲者以其任官得人夫舜何必有爲哉但恭敬己身正南面嚮明而已○註言任官得其人故無爲而治○正義曰案舜典命禹宅百揆棄后稷契作司徒皋陶作士垂共工益作朕虞伯夷作秩宗夔典樂龍作納言并四岳十二牧凡二十二人皆得其人故舜無爲而治也

子張問行子曰言忠信行篤敬雖蠻貊之邦行矣言不忠信行不篤敬雖州里行乎哉鄭曰萬二千五百家爲州五家爲鄰五鄰爲里行乎

哉言不可行立則見其參於前也在輿則見其倚於衡也夫然後行包曰衡軛也言思念忠信立則常想見參然在目前在輿則若倚車軛子張書諸紳孔曰紳大帶【疏】子張至諸紳○正義曰此章言可常行之行也子張問行者問於夫子何如則可常行子曰言忠信行篤敬雖蠻貊之邦行矣言不忠信行不篤敬雖州里行乎哉者孔子答言必當言盡忠誠素敬於物仁行雖學而常謹敬則雖蠻貊遠國其道行矣反此雖州里近處而行乎哉言不可行也立則見其參於前也在輿則見其倚於衡也夫然後行者輿是車輿也衡軛也言常思念忠信篤敬立則想見參然在目前在輿則若倚車軛夫能如是而後可行子張書諸紳者紳大帶也子張以孔子之言書之紳帶意其佩服無忽忘也○注鄭曰至爲里○正義曰周禮大司徒職云五家爲比五比爲閭四閭爲族五族爲黨五黨爲州是二千五百家爲州也今云萬二千五百家爲州誤也云五家爲鄰五鄰爲里遂人職文也○注孔曰紳大帶○正義曰以帶束要垂其餘以爲飾謂之紳王藻說大帶云大夫大帶是一名大帶也王藻稱天子素帶朱裏終辟諸侯素帶不朱裏而終辟大夫素帶辟垂士練帶率下辟

居士錦帶弟子縞帶并紐約用組三寸長齊於帶紳長制士三尺有司二尺有五寸子游曰參分帶下紳居二焉紳韠結三齊大夫大帶四寸雜帶君朱綠大夫玄華士緇辟二寸再繚四寸凡帶有率無箴功此紳帶之制也

子曰直哉史魚孔曰衛大夫史鰌邦有道如矢邦無道如矢孔曰有道無道行直如矢言不曲君子哉蘧伯玉邦有道則仕邦無道則可卷而懷之包曰卷而懷謂不與時政柔順不忤於人【疏】子曰至懷之○正義曰此章美衛大夫史鰌蘧瑗之行也直哉史魚者美史魚之行正直也邦有道如矢邦無道如矢者此其直之行也矢箭也史鰌之德其性惟直國之有道無道行直如箭言不隨世變曲也君子哉蘧伯玉者美伯玉有君子之德也邦有道則仕邦無道則可卷而懷之者此其君子之行也國君有道則肆其聰明而在仕也國君無道則韜光晦知不與時政亦常柔順不忤逆於人是以謂之君子也

子曰可與言而不與言失人不可與言而與之言失言知者不失人亦不失

立則見其參於前也在輿則見其倚於衡也夫然後行 [illegible]

子張書諸紳 [illegible]

[illegible]

直哉史魚 [illegible] 邦有道如矢 [illegible] 邦無道如矢 [illegible] 君子哉蘧伯玉邦有道則仕邦無道則可卷而懷之 [illegible]

子曰可與言而不與之言失人 [illegible] 不可與言而與之言失言知者不失人亦不失言 [illegible]

言疏子曰可與言而不與言失人不可與言而與之言失言知者不失人亦不失言○正義曰此章戒其知人也若中人以上可以語上是可與言而不與言是失於彼人也若中人以下不可以語上而已與之言則失於已言也惟知者明於事二者俱不失

子曰志士仁人無求生以害仁有殺身以成仁孔曰無求生以害仁死而後成仁則志士仁人不愛其身也疏子曰志士仁人無求生以害仁有殺身以成仁○正義曰此章言志善之士仁愛之人無求生而害仁若身死而後成仁則志士仁人不愛其身有殺其身以成其仁者也若伯夷叔齊及比干是也

子貢問爲仁子曰工欲善其事必先利其器居是邦也事其大夫之賢者友其士之仁者孔曰言工以利器爲用人以賢友爲助疏子貢至仁者○正義曰此章明爲仁之法也子貢問爲仁者子貢欲爲仁未知其法故問之子曰工欲善其事必先利其器者將荅爲仁先爲設譬也若百工欲善其所爲之事當先脩利所用之器居是邦也事其大夫之賢者友其士之仁者此荅譬也言工以利

器爲用人以賢友爲助大夫尊故言事士卑故言友大夫言賢士言仁互文也

顏淵問爲邦子曰行夏之時據見萬物之生以爲四時之始取其易知乘殷之輅馬曰殷車曰大輅左傳曰大輅越席昭其儉也服周之冕包曰冕禮冠周之禮文而備取其黈纊塞耳不任視聽樂則韶舞韶舜樂也盡善盡美故取之放鄭聲遠佞人鄭聲淫佞人殆孔曰鄭聲佞人亦俱能惑人心與雅樂賢人同而使人淫亂危殆故當放遠之疏顏淵至人殆○正義曰此章言治國之法也顏淵問爲邦者爲猶之治問治國之禮法於孔子也子曰行夏之時者此下孔子荅以爲邦所行凡之禮樂車服也夏之時謂以建寅之月爲正也據見萬物之生以爲四時之始取其易知故使行之乘殷之輅者殷車曰大輅謂木輅也取其儉素故使乘之服周之冕者冕禮冠也周之禮文而備取其黈纊塞耳不任視聽故使服之樂則韶舞者韶舜樂名也以其盡善盡美故使取之放鄭聲遠佞人鄭聲淫佞人殆者言當放棄鄭衛之聲遠離辯佞之人以鄭聲佞人亦俱能惑人心與雅樂賢人同然而使人淫亂危殆故使放遠之○註馬曰至儉也正義曰云殷車

曰大輅者明堂位曰大輅殷輅也鄭註云大路木路也漢祭天乘殷之路今謂之桑根車者是也路訓大也君之所在以大爲號門曰路門寢曰路寢車曰路車故人君之車通以路爲名周禮巾車掌王之五路鄭玄云王在焉曰路彼解天子之車故云王在耳其實諸侯之車亦稱爲路云左傳曰大輅越席昭其儉也者桓二年文也越席結蒲爲席置於路中以茵藉示其儉也服虔云大路木路引之者以證殷路一名大路也杜元凱以大路爲王路今所不取○註包曰至視聽玉義曰云冕禮冠者禮文而備者冠首服之大名冕者冠中之別號故云冕禮冠也世本云黃帝作冕宋仲子云冕冠之有旒者禮文殘缺形制難詳周禮弁師掌王之五冕皆玄冕朱裏延上言玄朱而已不言所用之物子罕篇云麻冕禮也蓋以木爲幹而用布衣之上玄下朱取天地之色其長短廣狹則經傳無文阮諶三禮圖漢禮器制度云冕制皆長尺六寸廣八寸天子以下皆同沈引董巴輿服志云廣七寸長尺二寸應劭漢官儀云廣七寸長八寸沈又云廣八寸長尺六寸者天子之冕廣七寸長尺二寸者諸侯之冕廣七寸長八寸者大夫之冕但古禮殘缺未知孰是故備載焉司馬彪續書輿服志云孝明帝永平二年初詔有司采周官禮記尚書之文制冕皆前圓後方朱裏玄上前垂四寸後垂三寸天子曰王珠十二旒三公諸侯青玉珠七旒卿大夫黑玉珠五旒皆有前無後此則漢法耳其古禮鄭玄註弁師云天子袞冕以五采繅前後十二旒旒有五采玉十有二鷩冕前後九旒毳冕前後七旒希冕前後五旒玄冕前後三旒旒皆五采玉十有二上公袞冕三采繅前後九旒旒有三采玉九侯伯鷩冕三采繅前後七旒旒有三采玉七子男毳冕二采繅前後五旒旒有三采玉五孤卿以下皆二采繅二采玉焉蓋以繅采玉其旒又王名依命數耳謂之冕者冕俛也以其後高前下有俛俯之形故因名焉蓋以在上位者失於驕矜欲令位彌高而志彌下故制此服令貴者下賤也云取其黈纊塞耳不任視聽者黈纊黃綿也案今禮圖袞冕以下皆有充耳天子以黈纊諸侯以青纊以其冕旒垂目黈纊塞耳欲使無爲清靜以化其民故不任視聽也

子曰人無遠慮必有近憂

王曰君子當思患而預防之

疏 子曰人無遠慮必有近憂○正義曰此章戒人備豫不虞也○註王曰君子當思患而預防之○正義曰此周易既濟卦象辭也王弼云存不忘亡既濟不忘未濟也

子曰已矣乎吾未見好德如好色者也

疏 子曰已矣乎吾未見好德如好色者也○正義曰此章疾時人

好色而不好德也

子曰臧文仲其竊位者與知柳下惠之賢而不與立也孔曰柳下惠展禽也知其賢而不舉是為竊位

疏子曰臧文仲其竊位者與知柳下惠之賢而不與立也○正義曰此章勸人舉賢也竊盜也魯大夫臧文仲知賢不舉偷安於位故曰竊位以其知柳下惠之賢不稱舉與立於朝廷也○註柳下惠展禽也○正義曰案魯語展禽對臧文仲云獲聞之是其人氏展名獲字禽柳下惠是其所食之邑名謚曰惠列女傳柳下惠死門人將謚之妻曰夫子之謚宜為惠乎門人從以為謚莊子云柳下季者季是五十字禽是二十字

子曰躬自厚而薄責於人則遠怨矣孔曰責己厚責人薄所以遠怨咎

疏子曰躬自厚而薄責於人則遠怨矣○正義曰此章戒人責己也躬身也言凡事自責厚薄責於人則所以遠怨咎也

子曰不曰如之何孔曰不曰如之何者猶言不曰柰是何如之何者吾末如之何也已矣孔曰如之何者言禍難已成吾亦無如之何

疏子曰不曰如之何如之何者吾末如之何也已矣○正義曰此章戒人豫防禍難也如柰也不曰如之何猶言不曰柰是何末無也若曰柰是何者則是禍難已成不可救藥吾亦無柰之何

子曰羣居終日言不及義好行小慧難矣哉鄭曰小慧謂小小之才知難矣哉言終無成

疏子曰羣居終日言不及義好行小慧難矣哉○正義曰此章責義小慧謂小小才知言人羣朋共居終竟一日所言不及義事但好行小小才知以陵誇於人難有所成矣哉言終無成也

子曰君子義以為質禮以行之孫以出之信以成之君子哉鄭曰義以為質謂操行孫以出之謂言語

疏子曰君子義以為質禮以行之孫以出之信以成之君子哉○正義曰此章論君子之行也義以為質謂操執以行者當以義為體質次之以禮然後行之孫順其言語以出之守信以成之能此四者可謂君子哉

子曰君子病無能焉不病人之不己知也包曰君子之人但病無聖人之道不病人之不知己

疏子曰君子病無能焉不病人之不己知也○正義曰此章戒人脩己也病猶患也言君子之人但患己無聖人之道不患人之

不知己也子曰君子疾没世而名不稱焉疾猶病也疏子曰君子疾没世而名不稱焉○正義曰此章勸人脩德也疾猶病也言君子病其終世而善名不稱也子曰君子求諸己小人求諸人君子責己小人責人疏子曰君子求諸己小人求諸人○正義曰此章言君子責於己小人責於人也求責也諸於也子曰君子矜而不爭包曰矜矜莊也羣而不黨孔曰黨助也君子雖衆不相私助義之與比疏子曰君子矜而不爭羣而不黨○正義曰此章言君子貌雖矜莊而不爭鬭君子雖衆而不私相黨助義之與比也子曰君子不以言舉人包曰有言者不必有德故不可以言舉人不以人廢言王曰不可以無德而廢善言疏子曰君子不以言舉人不以人廢言○正義曰此章言君子用人取其善節也有言者不必有德故不可以言舉丶人當察言觀行然後舉之夫婦之愚可以與知故不可以無德而廢善言也子貢問曰有一言而可以終身行之者乎子曰其

恕乎己所不欲勿施於人言己之所惡勿加施於人疏子貢至於人○正義曰此章言人當恕己不及物也子貢問曰有一言可以終身行之者乎者問於孔子求脩身之要道也子曰其恕乎己所不欲勿施於人者孔子荅言唯仁恕之一言可終身行之也己之所惡勿欲施於人即是恕也子曰吾之於人也誰毀誰譽如有所譽者其有所試矣包曰所譽者輙試以事不虛譽而已斯民也三代之所以直道而行也馬曰三代夏殷周用民如此無所阿私所以云直道而行疏子曰至行也○正義曰此章論正直之道也子曰吾之於人也誰毀誰譽者毀謂譖害譽謂稱揚言我之於人於誰毀於誰譽無私毀譽也如有所譽者其有所試矣者言所稱譽者輙試以事不虛譽而已也斯民也三代之所以直道而行也者斯此也三代夏殷周也言如此用民無所阿私夏殷周三代之令王所以得稱直道而行也子曰吾猶及史之闕文也包曰古之良史於書字有疑則闕之以待知者有馬者借人乘之今亡矣夫

包曰有馬不能調良則借人乘習之孔子自謂及見其人如此至今無有矣言此者以俗多穿鑿【疏】子曰至矣○正義曰此章疾時人多穿鑿也子曰吾猶及史之闕文也者史是掌書之官也文字也古之良史於書字有疑則闕之以待能者不敢穿鑿孔子言我尚及見此古史闕疑之文有馬者借人乘之者此舉喻也喻己有馬不能調良當借人乘習之也今亡矣夫者亡無也孔子自謂及見其人如此闕疑至今則無有矣言此者以俗多穿鑿**子曰巧言亂德小不忍則亂大謀**孔曰巧言利口則亂德義小不忍則亂大謀【疏】子曰則言亂德小不忍則亂大謀○正義曰此章戒人慎口忍事也有言者不必有德故巧言利口則亂德義山藪藏疾國君含垢故小事不忍則亂大謀**子曰衆惡之必察焉衆好之必察焉**王曰或衆阿黨比周或其人特立不羣故好惡不可不察也【疏】子曰衆惡之必察焉衆好之必察焉○正義曰此章論知人之事也夫知人未易設有一人爲衆所惡不可即從雷同而惡之或其人特立不羣故必察焉又設有一人爲衆所好亦不可即從衆而好之或此人行惡衆乃阿黨比周故不可不察○註王曰衆或阿黨比周○正義曰此解衆好之也謂衆多惡人私相阿曲朋黨比近周密也文十八年左傳言渾敦之惡云頑嚚不友是與比周杜註云比近也周密也言比是相近也周是親密也唯是親愛之義非爲善惡之名爲政篇子曰君子周而不比小人比而不周孔曰忠信爲周阿黨爲比以君子小人相對故觀文爲說也**子曰人能弘道非道弘人**王曰才大者道隨大才小者道隨小故不能弘人【疏】子曰人能弘道非道弘人○正義曰此章論道也弘大也道者通物之名虛無妙用不可須臾離但仁者見之謂之仁知者見之謂之知是人才大者道隨之大也故曰人能弘道百姓則日用而不知是人才小者道亦隨小而道不能大其人也故曰非道弘人**子曰過而不改是謂過矣**【疏】子曰過而不改是謂過矣○正義曰此章戒人改過也人誰無過過而能改善莫大焉過而不改是謂過矣**子曰吾嘗終日不食終夜不寢以思無益不如學也**【疏】子曰吾嘗終日不食終夜不寢以思無益不如學也○正義曰此章勸人學也**子曰君子謀道不謀食耕也餒**

在其中矣學也祿在其中矣君子憂道不憂貧鄭曰餒餓也言人雖念耕而不學故飢餓學則得祿雖不耕而不餒此勸人學疏子曰君子謀道不謀食耕也餒在其中矣學也祿在其中矣君子憂道不憂貧○正義曰此章亦勸人學也人非道不立故必先謀於道道高則祿來故不假謀於食餒餓也言人雖念耕而不學則無知歲有凶荒故飢餓學則得祿雖不耕而不餒是以君子但憂道德不感不憂貧乏也然耕也未必皆餓學也未必皆得祿大判而言故云耳子曰知及之仁不能守之雖得之必失之包曰知能及治其官而仁不能守雖得之必失之知及之仁能守之不莊以涖之則民不敬包曰不嚴以臨之則民不敬從其上知及之仁能守之莊以涖之動之不以禮未善也王曰動必以禮然後善疏子曰至善也○正義曰此章論居官臨民之法也子曰知及之仁不能守之雖得之必失之者得位由知守位在仁若人知能及治其官而仁不能守雖得祿位必將失之知及之仁能守之不莊以涖之則民不敬者莊嚴也涖臨也言雖知及其官仁能守位不嚴以臨之則民不敬從其上知及之仁能守之莊以涖之動之不以禮未善也者言動必以禮然後善李充云夫知及以得其失也蕩仁守以靜其失也寬莊涖以威其失也猛故必須禮然後和之以禮制知則精而不傷以禮節仁則溫而不寬以禮御莊則威而不猛故安上治民莫善於禮頗特進云知以通其變仁以安其性莊以安其慢禮以安其情化民之善必備此四者子曰君子不可小知而可大受也小人不可大受而可小知也王曰君子之道深遠不可小了知而可大受小人之道淺近可小了知而不可大受也疏子曰君子不可小知而可大受也小人不可大受而可小知也○正義曰此章言君子小人道德深淺不同之事也言君子之道深遠仰之彌高鑽之彌堅故不可小了知也使人饜飫之已是可大受也小人之道淺近易爲窮竭故不可大受而可小了知也子曰民之於仁也甚於水火馬曰水火及仁皆民所仰而生者仁最爲甚水火吾見蹈而死者矣未見蹈仁而死者也

也馬曰蹈水火或時殺人蹈仁未嘗殺人疏子曰至者也○正義曰此章勸人行仁道也子曰民之於仁也甚於水火者言水火飲食所由仁者善行之長皆民所仰而生者也若較其三者所用則仁最爲甚也水火吾見蹈而死者矣未見蹈仁而死者也者此明仁甚於水火之事也蹈猶履也水火雖所以養人若履蹈之或時殺人若履行仁道未嘗殺人也王弼云民之遠於仁甚於水火見有蹈水火者未嘗見蹈仁者也雖與馬意不同亦得爲一義子曰當仁不讓於師孔曰當行仁之事不復讓於師言行仁急疏子曰當仁不讓於師正義曰此章言行仁之急也弟子之法爲事雖當讓於師若當行仁之事不復讓於師也子曰君子貞而不諒孔曰貞正諒信也君子之人正其道耳言不必小信疏子曰君子貞而不諒○正義曰此章貴正道而輕小信也貞正也諒信也君子之人正其道耳言不必小信案昭七年左傳云子產爲豐施歸州田於韓宣子曰日君以夫公孫段爲能任其事而賜之州田今無祿早世不獲久享君德其子弗敢有不敢以聞於君私致諸子宣子辭子產曰古人有言曰其父析薪其子弗克負荷施將懼不能任其先人之祿其況能任大國之賜縱吾子爲政而可後

之人若屬有疆埸之言敝邑獲戾而豐氏受其大討吾子取州是免敝邑於戾而建置豐氏也敢以爲請杜注云傳言子產貞而不諒言段受晉邑卒而歸之是正也知宣子欲之而言畏懼後禍是不信故杜氏引此文爲註也子曰事君敬其事而後其食孔曰先盡力而後食祿疏子曰事君敬其事而後其食○正義曰此章言其爲臣事君之法也言當先盡力敬其職事必有勳績而後食祿也子曰有教無類馬曰言人所在見教無有種類疏子曰有教無類○正義曰此章言教人之法也類謂種類言人所在見教無有貴賤種類也子曰道不同不相爲謀疏子曰道不同不相爲謀○正義曰此章言人之爲事必須先謀若道同者共謀則情皆不誤若道不同而相爲謀則事不成也子曰辭達而已矣孔曰凡事莫過於實辭達則足矣不煩文豔之辭疏子曰辭達而已矣○正義曰此章明言語之法也凡事莫過於實辭達則足矣不煩文豔也師冕見孔曰師樂人盲者名冕及階子曰階也及席子曰席也皆坐子告之

曰某在斯某在斯孔曰歷告以坐中人姓字所在處師冕出子張問曰與師言之道與子曰然固相師之道也馬曰相導也

疏師冕見至道也○正義曰此章論相師之禮也師冕見者師樂人盲者名冕見謂來見孔子也及階子曰階也及席子曰席也者師冕及階及席孔子並告之使師冕知而升階登席也皆坐子告之曰某在斯某在斯者孔子見瞽者必起弟子亦起冕既登席而坐孔子及弟子亦皆坐孔子歷以坐中人姓字所在處告師冕使知也師冕出子張問曰與師言之道與者道謂禮也子張見孔子歷告之未嘗知此禮既師冕出去而問孔子曰此是與師言之禮與子曰然固相師之道也者相猶導也孔子然答子張言此固是相導樂師之禮也

論語註疏解經卷第十五